A. BOCHER

LES PROGRÈS MODERNES

IMPORTANCE DE LEUR ROLE DANS LE PRÉSENT ET DANS L'AVENIR

PARIS
PAUL OLLENDORFF, ÉDITEUR
28 *bis*, RUE DE RICHELIEU, 28 *bis*

1894

LES

PROGRÈS MODERNES

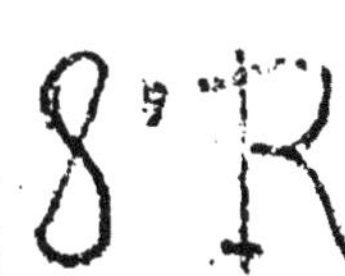

DU MÊME AUTEUR

L'Avenir de l'Europe.

La Marine et ses Progrès modernes.

L'Univers (Hier, Aujourd'hui, Demain).

La France dans l'avenir.

Imprimerie de Poissy. — S. Lejay et Cie.

A. BOCHER

LES PROGRÈS MODERNES

IMPORTANCE DE LEUR ROLE DANS LE PRÉSENT ET DANS L'AVENIR

PARIS
PAUL OLLENDORFF, ÉDITEUR
28 *bis*, RUE DE RICHELIEU, 28 *bis*

1894

LES

PROGRÈS MODERNES

EXPOSÉ DE L'OUVRAGE

Voici un demi-siècle écoulé depuis l'apparition des deux grandes découvertes, la vapeur et l'électricité, qui ont apporté dans la vie de l'humanité plus de changements qu'il ne s'en était produit depuis l'origine de l'ère chrétienne.

Dans tout ce qui a trait aux choses de la vie, le travail accompli est tellement évident, qu'il ne donne lieu à aucune contestation, et s'il provoque la discussion sur les résultats qu'il peut amener dans la vie des générations présentes et futures, c'est qu'en raison peut-être de leur rapidité, les progrès obtenus, ne se sont fait sentir que dans les choses matérielles.

Cette transformation s'est effectuée, en effet, de telle façon qu'un homme mort, il y a cinquante ans, revenant à la vie aujourd'hui, trouverait la terre méconnaissable. En revanche, il ne constaterait aucun changement, pour ainsi dire, dans l'organisation morale et politique des vieux pays, de ceux qui jusqu'ici, ont seuls occupé l'histoire, de leurs gestes et de leurs actes.

C'est une preuve de plus, et des plus concluantes, à l'appui des difficultés que rencontre pour s'accomplir, la transformation des idées et des principes qui ont régi pendant des siècles, les peuples civilisés.

On a dit, en faisant allusion à la politique gouvernementale suivie en France dans ces cent dernières années, que « Tant plus ça change, tant plus c'est la même chose. » Cette appréciation, pleine de justesse sous sa forme plaisante, s'appliquant à toutes les sortes de gouvernements, les plus divers comme noms, est la meilleure preuve des difficultés et même des impossibilités contre lesquelles se heurte toute tentative de modification dans les rouages de l'administration française.

La première République, le premier Empire, la Restauration, la Monarchie de Juillet, la deuxième République, le deuxième Empire et enfin la troisième République, soit sept gouvernements se sont succédé en France depuis 1792.

Les cinq derniers, en dépit de la diversité des opinions et des principes qu'ils devaient représenter, n'ont pas apporté de changements bien appréciables dans l'organisation politique et sociale consacrée par le premier Empire et qui était la mise en œuvre des législateurs de la première République.

Sans être parfaite, la Constitution en question était bonne, et la preuve en est dans sa vitalité, dont la force a été telle, qu'elle a résisté non seulement aux attaques dont elle a été l'objet du côté purement politique, mais encore aux tentatives de réformes de toutes sortes, imposées par la venue au monde des découvertes modernes. Cinquante ans se sont écoulés depuis la date où s'est produit cet événement sans précédent comme importance dans l'histoire du passé.

Les progrès matériels qui en ont été la conséquence, se sont succédé avec une rapidité qui rendait difficile, il faut le reconnaître, l'adoption de modifications radicales et incessantes qu'ils nécessitaient dans les lois et règlements de tous ordres.

Mais quelques grands que fussent les obstacles à vaincre pour y parvenir, il fallait, tout au moins, mettre à l'étude, des questions dont la solution s'impose chaque jour d'avantage, et dont le retard provoquera infailliblement des dangers sérieux, si elle est amenée brutalement par la force de la nécessité.

Or, la chose est à peine croyable !

Dans cette voie des modifications à apporter aux codes français, aux lois usuelles, aux administrations publiques, aux règlements concernant les finances, le commerce, l'industrie, c'est à peine si les gouvernants depuis quarante ans, ont fait quelques pas, la culpabilité des derniers étant naturellement plus grande que celle de leurs prédécesseurs.

Il y aurait un travail intéressant à faire touchant les réformes nécessitées par suite des découvertes modernes.

La liste en serait longue, et ce serait trop demander aux lecteurs de la présente œuvre, que d'exiger d'eux de la connaître dans son entier.

Une étude, de celles qui sont les plus autorisées et les plus attrayantes pour les masses, suffira pour donner une idée de la petitesse du chemin parcouru dans la voie des dites réformes et de celui qui reste à franchir avant d'arriver à la consécration d'un nouvel état de choses, en rapport avec les progrès *purement* matériels réalisés à l'heure présente, et autorisant les modifications que leur marche en avant pourra exiger dans l'avenir.

L'écrivain prie le lecteur de lui pardonner les répétitions d'idées et de raisonnements qu'il a déjà développés dans ses précédents écrits (1).

(1) Les livres auxquels l'écrivain fait allusion sont les suivants : *L'Avenir de l'Europe* (1888) ; — *L'Univers (Hier, Aujourd'hui, Demain)* 1890; — *La France dans l'avenir* (1891). — Il tient surtout à rappeler les dates de leur publication en raison de celle toute récente d'un ouvrage paru en Angleterre sous le titre de: *National Life and Character.* Son auteur, M. Charles Peanson, ancien ministre de l'instruction

Les sujets qu'il traite n'ayant pas subi de modifications, il trouve son excuse dans la reproduction de la réponse faite par l'écrivain, celui-là illustre, à qui l'on reprochait, dans le cours d'une polémique, de dire toujours les mêmes choses, et qu'il pourrait s'approprier (1).

Il fait précéder les articles annoncés dans l'exposé ci-dessus, d'un fait anecdotique qui est l'histoire de ce qui se passe journellement dans la vie ordinaire. Il a pour objet, de démontrer d'une façon incontestable, les changements matériels qu'y ont produit les découvertes modernes, — changements dont la génération présente ne semble apprécier ni

publique en Australie, est un publiciste et un écrivain de mérite. Or, il se trouve qu'il reproduit avec l'autorité que lui donne une expérience de quarante ans passés dans le monde entier, les idées et les pronostics qui ont commencé, dès l'année 1838, à être développés dans les livres précités.

(1) On reprochait à Alphonse Karr de se répéter quand il traitait certains sujets... « Je dis toujours les mêmes choses, répondit-il, parce que ce sont toujours les mêmes choses dont j'ai à parler. »

l'importance, ni les résultats qu'ils doivent amener dans l'organisation humaine toute entière.

Trois personnages, deux français, l'un propriétaire, l'autre commerçant, et le troisième Américain, industriel important, sont sur les quatre heures du soir, assis à une table d'un café des boulevards, et se racontent les évènements qui ont marqué leur journée.

Il ne leur est rien arrivé d'extraordinaire, et leur récit pourrait être, à peu de choses près, celui de milliers d'habitants de Paris.

Le premier, réside pendant l'été, à Chantilly, à moins d'une heure de Paris, par train express.

Le matin du présent jour, il avait reçu un

télégramme lui donnant rendez-vous chez un de ses amis, à l'heure du déjeûner. Il y avait rencontré son fils, officier d'infanterie de marine, parti au Tonkin quatre mois auparavant, et revenu la veille, en congé de convalescence, à la suite d'une blessure reçue dans un combat livré aux soi-disants rebelles.

L'affaire avait été assez chaude en raison du courage de l'ennemi, de l'armement perfectionné dont il disposait, et de son habileté à s'en servir. On est bien loin du temps, peu éloigné cependant, où les flèches, les fusils à mèches et les dragons sur étendards, étaient les moyens de défense des Chinois. — Dès aujourd'hui, sans attendre l'avenir, une expédition comme celle de 1862, serait impossible à renouveler.

Après le déjeuner qui se prolongea assez tard, l'habitant de Chantilly alla visiter une exposition de photographie, composée principalement de reproductions instantanées.

Il avait constaté, sur le parcours des boulevards, que le nombre des étrangers, y dépassait celui des Parisiens.

Les occupations du deuxième, du commerçant, avaient été celles de tous les hommes d'affaires.

A son réveil, il avait parcouru les journaux et les dépêches. Il avait pris connaissance en moins d'une heure, des nouvelles financières et commerciales, et du cours des changes de tous les pays du monde, à la date de la veille au soir, et du matin même pour certains d'entre eux. Une fois sa lecture terminée, il avait répondu par télégrammes, à une partie de son courrier, distribué à la première heure.

Au moment d'expédier une dépêche très importante, il avait été appelé au téléphone et avait appris une nouvelle qui lui avait fait modifier son contenu dans un sens des plus avantageux pour la réussite de l'opération qu'elle concernait.

Il avait passé son après-midi à la Bourse du Commerce, qui n'avait pas offert grand intérêt, et où les cours des marchandises sur les marchés étrangers n'avaient pas subi de variations sensibles. Les soies d'Italie, seules, avaient baissé influencées par les nouvelles arrivées de l'Extrême-Orient.

Le troisième, l'Américain, était un grand fabricant de machines à coudre de New-York. Il avait épousé la fille d'un exportateur de viandes salées de Chicago, également fort riche.

Sa femme, atteinte d'une maladie interne des plus graves, avait voulu venir à Paris pour y subir une opération que l'emploi des anesthésiques rendait seul possible. L'opération avait réussi, et elle était depuis trois semaines à Versailles, en pleine convalescence.

Il avait utilisé ce temps à voyager dans l'intérêt de ses affaires, en Allemagne et en Angleterre.

Il en était à son troisième voyage à Londres, d'où il était revenu la veille.

Il montra à ses amis, son carnet de dépêches avec sa maison de New-York. Elles atteignaient un chiffre dépassant la centaine. Il espérait que les communications seraient bientôt plus rapides, comptant sur le prochain établissement du téléphone entre l'Europe et les Etats-Unis.

Passionné bien entendu pour sa fabrication, il se disait convaincu que les bienfaits de la machine à coudre n'étaient qu'à leur commencement, et que, dans l'avenir leur bon marché serait tel, qu'elle prendrait place parmi les articles de ménage obligatoires. En attendant, il constatait que son emploi, après trente années d'existence, avait contribué à la diminution de plus de moitié du prix des effets d'habillement.

Aux environs de cinq heures, les trois amis se séparèrent, le premier et le dernier, pour prendre les trains devant les conduire, l'un à Chantilly et l'autre à Versailles.

Quant au deuxième, il rentra chez lui, et après son dîner, assista, dans son fauteuil, grâce à son appareil téléphonique, à la représentation de la *Walkyrie*, à l'Opéra.

L'historique de la journée de ces trois individus, *comme nouveauté*, pourrait s'appliquer à tous autres personnages pris dans les diverses classes de la Société. Il n'est pas aujourd'hui en pays civilisés, un homme dont l'existence en vingt-quatre heures ne différerait pas, pour nombre de détails, de celle qu'il aurait menée suivant sa condition sociale, il y a cinquante ans.

La conclusion à en tirer est la suivante : Les découvertes et les inventions inaugurées à cette date, ont transformé la vie humaine de telle façon, que la génération du commencement du siècle présent, ne comprendrait pour ainsi dire rien à ce qu'elle aurait sous les yeux, si elle revenait sur terre. Bien entendu, seulement au point de vue matériel ! car sous tous les autres rapports, les changements sont encore attendus, ainsi que les individus appelés à les produire.

I

Organisation de la France avant et après les grandes découvertes modernes.

L'examen de la situation financière actuelle de la France, au moment du départ de la Chambre élue en 1889, peut servir à résumer les critiques dont est susceptible l'Administration générale du pays, et à démontrer l'immobilité dans laquelle elle s'est maintenue depuis près d'un siècle, n'ayant tenu aucun compte, pour ainsi dire, des modifications que lui imposait le développement naturel des progrès matériels modernes.

Le budget exposant à la fois, les ressources et les dépenses du pays, permet, par la comparaison du présent avec le passé, d'apprécier les changements survenus dans le mécanisme gouvernemental.

Mettant de côté toutes récriminations politiques, que la diversité, comme noms tout au moins, des gouvernements qui ont passé en France depuis le commencement du siècle, empêche de formuler d'une façon juste et impartiale, il est certain que le total du budget pour l'année 1894, monte en chiffres ronds, à trois milliards et demi, soit trois fois et demi, le milliard que le baron Louis demandait de saluer, car on ne devait plus le revoir...

Les causes qui ont amené une pareille augmentation sont multiples, et mériteraient d'être détaillées. Mais un travail pareil sort du cadre de la présente étude, qu'intéressent deux faits seulement mis en évidence par la lecture du susdit budget.

Le premier, c'est sa confection même, qui

n'a pas varié depuis l'origine, et continue à être présenté au peuple comme l'œuvre par excellence du régime parlementaire.

Pendant longtemps, il a cru, et certains naïfs croient encore à la sincérité de ses chiffres, et jusqu'à celle des centimes qui complètent invariablement tous les comptes.

Combien son étonnement serait grand, s'il apprenait, que chaque année se solde par une différence de millions en défaveur des recettes, et que pour l'année 1894, dont le budget s'établit avec un excédent de près d'un demi-million, sur le papier, c'est à une somme de près de 250 millions (sans compter les aléas à prévoir et qui sont assurés d'avance), que montera le déficit... En les ajoutant à un milliard de dettes à rembourser, sous des titres et à des échéances diverses, c'est une somme de 1250 millions que la France devra au commencement de l'année 1895...

Le second fait ressort de la constatation du chiffre toujours croissant de ce que l'on peut appeler les frais généraux de l'Administration du pays.

En effet, si l'on peut trouver naturel que les dépenses pour l'armée, la marine, l'instruction, les grands travaux publics (1), la rémunération des employés de l'État, et par suite les intérêts de la Dette publique, soient augmentées dans des proportions considérables, il y a lieu de s'étonner en voyant suivre la même voie à celles qui auraient dû sinon disparaître, tout au moins subir des diminutions en raison de la seule application des progrès modernes. C'est à des centaines de millions que monterait le total des économies qu'elle aurait forcément amenées...

Quelles peuvent être les raisons ayant motivé et motivant encore les deux faits qui

(1) Ces dépenses sont motivées en grande partie, et en tout cas, ont été votées par le Parlement.

viennent d'être exposés, constituant une anomalie incompréhensible à une époque, où la liberté de tout dire et de tout écrire est considérée comme absolue.

Il n'en existe qu'une : l'intérêt que tous les gouvernements qui se sont succédé en France depuis le commencement du siècle, et parmi eux, le dernier venu encore plus que ses prédécesseurs, ont eu à conserver intact le bloc originaire de l'Administration.

Il y a quatre-vingt-dix ans, que le premier Napoléon, s'inspirant des réformes et des lois, œuvre des législateurs qui, depuis 1789, avaient travaillé à l'organisation nouvelle à donner à la France, décrétait le régime Impérial et les codes qui portent son nom.

Il consacrait ainsi d'une façon régulière le sytème gouvernemental, qui, d'une valeur incontestable pour l'époque de sa promulgation, subsiste encore actuellement sans avoir subi de bien grandes modifications. La base sur laquelle il reposait était la centralisation.

L'Empereur voulant en concilier l'idée avec les besoins locaux, établit un système uniforme d'administration.

Chaque département eut ses fonctionnaires dépendant des divers ministères et représentant l'autorité centrale.

L'Intérieur eut ses préfets et ses sous-préfets.

La Justice, ses magistrats de tous les degrés.

Les Finances, ses receveurs généraux et particuliers, ses percepteurs, etc.

Les Cultes, les évêques et le clergé inférieur.

De même pour les autres ministères.

Le pouvoir central put ainsi exercer son contrôle et assurer son fonctionnement avec certitude d'obtenir, sur toute la surface du pays, une action homogène, et l'uniformité de la mise en marche des rouages administratifs.

A cette époque, les communications étaient difficiles. Il fallait souvent plusieurs semaines pour relier Paris avec les points éloignés du territoire. Des chefs-lieux aux confins de certains départements un délai de plus d'un jour était nécessaire.

Les divers gouvernements qui se sont succédé en France depuis l'Empire ont conservé l'organisation qu'il avait consacrée et dont le fonctionnement était incontestablement à l'origine le mieux approprié à la vie politique et matérielle du pays.

Ils eurent raison, jusqu'au jour où les découvertes modernes, telles que la vapeur et l'électricité pour ne citer que les principales, sont venues apporter dans l'organisme général des changements d'une nature radicale telle, qu'il aurait dû en résulter des modifications dans le mécanisme administratif en rapport avec lesdits changements. Or, non seulement il n'en a rien été, mais au lieu de la simplification dans les rouages, qui devait en être la conséquence, c'est le contraire qui s'est produit.

Toutes les administrations datant du commencement du siècle étant, sans exception aucune susceptibles de réformes, on peut pour les étudier, choisir au hasard parmi elles.

L'organisation du ministère des finances est une de celles qui offraient à l'origine, le plus de garanties de bon fonctionnement et d'avantages pour l'État.

Cette hiérarchie de fonctionnaires par chaque département partant du Receveur général et aboutissant à l'agent de perception le plus humble, choisis parmi les hommes offrant toute garantie d'honnêteté et de connaissance de la matière imposable, présentait un ensemble que l'on pouvait considérer comme parfait.

L'expérience de nombreuses années l'a démontré tel, et pendant longtemps notre orgasition financière a passé, sinon comme irréprochable, au moins comme comptant parmi les meilleures en Europe.

En est-il de même aujourd'hui? Par suite de la suppression des distances, résultant des communications par voies ferrées, par télégraphes, et enfin par téléphones, Paris se trouve en relations instantanées avec tous les points du territoire.

Le changement commencé il y a quarante ans, a aujourd'hui presqu'atteint son maximum. Les relations qui unissent le ministère central et ses agences dans les départements, sont cent fois plus rapides et plus faciles qu'autrefois celles entre la recette générale et ses dépendances.

Pourquoi alors perpétuer un système qui n'a plus les raisons d'être qui l'ont fait établir?

Quelle utilité présente dans chaque département un receveur général jouissant d'appointements fixes considérables, et que vient doubler et même tripler le service de banque qu'il est, pour ainsi dire, obligé de faire?

On attribuait, aux temps passés, à la réunion des receveurs généraux une puissance financière dont le gouvernement pouvait avoir besoin de se servir à certains moments.

C'était une explication donnée à l'importance attribuée à ces personnalités.

Avec le crédit actuel de l'État, et les moyens dont il dispose pour se procurer de l'argent, cette raison n'a plus de valeur.

Qui peut légitimer ce nombre formidable de receveurs, de percepteurs, d'agents de toutes sortes, à postes fixes dans chaque ville? On en cite dont le chiffre des émoluments est supérieur à celui des impôts dont ils ont à assurer la rentrée! Avec les facilités de déplacement et de circulation dont on jouit actuellement, le quart des employés existants suffirait certainement pour opérer la rentrée des contributions.

Il y aurait même une mesure bien simple et plus économique !

Ce serait de charger la Banque de France de faire le service de trésorie dans le pays (1).

Les bénéfices qu'elle en retirerait, au point de vue du développement de ses affaires personnelles, lui permettraient d'accepter ce rôle, peut-être même gratuitement.

Si du ministère des finances on passe à celui de l'intérieur, on trouve que la Chambre des députés, en votant la suppression d'une partie des sous-préfectures, n'a fait qu'indiquer une réforme qui, pour être complète, doit s'attaquer à tout le système administratif.

Ce n'est pas les sous-préfectures qu'il faut supprimer, en totalité ou en partie, c'est toute l'organisation départementale qui est à

(1) En Belgique et en Allemagne, ce service est fait par les soins de la Banque nationale.

détruire et à reconstruire sur de nouvelles bases, sur celles indiquées par les besoins et les nécessités de l'époque actuelle.

Ici reparaissent, encore et toujours et comme partout, les résultats amenés par les progrès modernes dans l'ordre matériel.

Quand un préfet peut, en quelques heures, voir par lui-même ce qu'il aurait mal vu autrefois en plusieurs jours, il n'a plus besoin d'avoir les sous-ordres qui forment son état-major, et en étendant ce raisonnement, on peut facilement admettre que plusieurs préfets peuvent être remplacés par un seul. De même pour les sous-préfets et les autres agents, en descendant l'échelle, jusqu'à ceux occupant les postes les plus infimes.

Si on veut prendre comme chiffre réduit des préfectures, celui de dix-huit, par exemple, correspondant à celui des corps d'armée, il y a-t-il grande présomption à croire que le service pourrait être aussi bien fait, avec le personnel ainsi diminué, qu'il l'est aujourd'hui, étant cinq fois plus considérable ?

Le ministère de la Justice est de tous les centres administratifs celui qui se trouve le plus en rapport avec les mœurs et les idées régnantes dans le pays.

C'est à lui qu'incombe l'exécution des lois de toutes sortes contenues dans les divers codes, et qui régissent les Français dans tous les actes de leur vie.

Quels sont les changements qu'il a provoqués ?

Ce n'est pas dans l'ordre judiciaire qu'on peut les découvrir.

On y a conservé, avec les vieilles traditions, tous les intermédiaires indispensables paraît-il, et s'il y a une différence entre le présent et le passé, elle se trouve dans l'augmentation des frais de justice, dont les neuf dixièmes (ce que le public ignore), entrent dans les caisses du Trésor.

C'est, sans doute, la principale raison que l'État a toujours eue pour ne rien modifier à l'ordre établi.

Dans les codes criminel, commercial et civil, même immobilisation.

Œuvre de jurisconsultes, imbus des principes du droit romain, et impressionnés par les évènements troublés auxquels ils venaient d'assister, l'ensemble des nouvelles lois, pouvait au commencement du siècle, passer pour répondre aux besoins de l'époque de leur promulgation.

Depuis lors, et surtout dans ces cinquante dernières années, combien de faits de toutes sortes, résultant des bouleversements survenus dans les ordres politique et matériel, se sont-ils produits. Quels sont les changements qu'ils ont provoqués, dans les lois, dans les pénalités?

Pour ne citer qu'un exemple :

Quelle est la punition infligée aux administrateurs de sociétés anonymes, ayant pendant des années entassé exactions sur exactions, et amené fatalement la ruine de milliers de pauvres gens, tout en faisant fortune ?

Quelques mois de prison et une amende de deux ou trois mille francs.

Le délit qu'ils commettent est, paraît-il, moins grave que la dévastation d'une récolte sur pied, qui entraîne la peine de deux à cinq ans de prison, ou un vol commis par une personne salariée, qui est puni de la réclusion. Et pareils faits se produisent tous les jours (1).

Ce qui vient d'être dit pour les ministères des Finances, de l'Intérieur et de la Justice peut s'appliquer à tous les autres sans exception, par suite à ceux de la Guerre et de la Marine.

(1) Les lois régissant les rapports des parents vis-à-vis des enfants n'ont pas été modifiées dans leur draconisme. — La législation concernant les enfants naturels; toute abominable qu'elle est n'a pas subi le moindre changement, de même pour celle ayant trait aux outrages à l'enfance, etc.

Mais bien que l'accomplissement des réformes qu'ils nécessiteraient n'eût à viser que des économies administratives et nullement les parties de leurs budgets afférentes aux mesures de défense nationale, il est préférable de ne pas les signaler, par crainte de soulever des questions qu'un patriotisme exagéré pourrait regretter de voir mises au jour.

En résumé, comment à une époque où tout le monde va en chemin de fer, et peut communiquer sa pensée par le télégraphe électrique et le téléphone, les gouvernements de la France ont-ils persisté et persistent-ils encore à se servir de diligences et du télégraphe aérien.

Le changement serait-il donc si difficile à opérer?

Nullement! Il n'y aurait qu'à le vouloir. On pourrait commencer demain.

Seulement, aucun gouvernement, depuis cinquante ans ne l'a voulu, et celui qui est arrivé au pouvoir le dernier, a suivi non seulement la politique de ses prédécesseurs, mais il l'a encore aggravée.

La raison en est bien simple.

Pour modifier l'état de choses actuel, il faudrait des réformes (1).

Or, leur accomplissement causerait une diminution considérable dans le chiffre des fonctionnaires de tous genres, et une lésion profonde des intérêts des villes et des particuliers qu'atteindrait l'application du nouveau système administratif.

Que deviendrait cette source intarrissable à laquelle puise incessamment le gouvernement pour alimenter ce personnel d'amis et de clients, dont on a à rémunérer les services ?

(1) La résistance que rencontre en Espagne l'ensemble des réformes plus que légitimes que le gouvernement veut inaugurer pour le bien général, mais au détriment des privilégiés démontrent que leur établissement n'est pas chose facile. Mais l'Espagne est un pays monarchique et ses gouvernants n'en tentent pas moins l'expérience, tandis que la France, en république depuis vingt ans passés attend encore qu'on y songe.

Quels-cris de détresse pousseraient les centres de populations qui viendraient à perdre les avantages et les privilèges inhérents à la possession, dans leurs murs, « des représentants de l'autorité, » depuis trois générations ! Cette possession est pour nombre d'entr'eux la principale condition de leur existence.

Ainsi donc. Pas un département qui consentirait, sans autre compensation que le développement du bien public, d'être supprimé pour faire partie d'un voisin plus important que lui.

Pas une ville qui accepterait d'être dépouillée de sa préfecture ou de sa sous-préfecture, de sa recette générale ou de sa perception, de son évêché, de son tribunal, etc., etc., même de ses remparts qui, bien que transformés en promenades, servent de prétexte à la présence d'un personnel qui y vit et l'aide à vivre aussi...

Quand de la collectivité, représentée par le département et la ville, on passe à l'individualité, l'obstacle apparaît sous des formes plus petites, mais en nombres si grands, que l'on se rend compte en l'analysant, que c'est là la pierre d'achoppement contre laquelle se brisera toute tentative de réformes sérieuses. Que deviendraient, en effet, les centaines de milliers de fonctionnaires et d'employés de toutes sortes, de tous grades, de tous titres, depuis les préfets et receveurs généraux, jusqu'aux garçons de bureaux des administrations, le jour où l'on toucherait à l'organisation actuelle?

Avant tout, au lieu de partisans plus ou moins dévoués, des ennemis, qui feraient montre de leur part de puissance, en commençant par renverser de leurs sièges de législateurs ceux auxquels ils attribueraient la ruine de leurs intérêts.

Leurs voix, auxquelles devraient s'ajouter celles de leurs parents et amis, se considérant lésés comme eux, se porteraient sur les candidats des opposants à l'ordre établi ; l'assemblée qui succéderait à celle qui aurait voté les réformes, ne conserverait pas dans son sein un seul des membres de son aînée.

C'est toujours cette même crainte qui empêche d'aborder une question de toute importance, celle de la revision du cadastre. On ne peut pas nier que le cadastre, tel qu'il existe, ne représente plus aujourd'hui l'état du territoire, en raison des changements survenus dans la valeur du sol depuis l'époque où il a été établi. Pour un petit nombre de départements, peut-être serait-elle de peu d'importance ; mais pour l'immense majorité, le cadastre nouveau ferait ressortir une augmentation considérable de richesses ; — cette constatation, dont le résultat serait d'une utilité incontestable, ne serait pas faite pour combler de joie ceux dont elle grossirait le chiffre des impôts, quelque justifiés qu'ils pourraient l'être.

Il se trouve que les provinces dont les habitants auraient le plus à perdre dans l'application de la revision du cadastre, sont celles où les opinions appartiennent au parti le plus avancé, et ayant une influence marquée sur la direction gouvernementale. C'est plus que probablement une des raisons qui a empêché sa mise à l'étude.

On comprend, si on admet ce qui vient d'être dit, que tous les gouvernements successifs, ayant toujours eu pour base le régime parlementaire, n'aient jamais osé prendre la responsabilité d'entamer un plan de réformes, étant assurés qu'ils ne trouveraient pas dans le Parlement une majorité pour l'appuyer. Ils se seraient trouvés et se trouveraient encore condamnés à l'impuissance et obligés de renvoyer à une date impossible à assigner les réformes forcées dont le résultat chiffrable serait une économie qui monterait aujourd'hui à un chiffre de plusieurs centaines de millions, si elles avaient réglé leur marche sur celle des progrès matériels.

Le dernier venu ne s'est pas contenté de se maintenir dans la voie fermée aux réformes par ses prédécesseurs. Il en a inauguré une nouvelle : celle de l'augmentation du personnel gouvernemental.

De 1877 à 1893, pendant quatre législatures, les budgets n'ont pas cessé d'accuser un chiffre toujours croissant de nouveaux fonctionnaires de toutes classes, et répartis dans tous les ministères (1).

Un travail intéressant à faire, serait le tableau des fonctions crées depuis seize ans, et la somme de millions qu'elles coûtent au budget qui vient d'être voté pour 1894. (Il n'est pas parlé, bien entendu, de celles nécessitées par des besoins nouveaux légitimés et légalisés, telles que les places nécessitées par

(1) On ne se doute pas du nombre d'employés *civils*, émargeant au chapitre du Tonkin.

le service de l'instruction publique). On se trouverait en présence d'un chiffre énorme de millions, au lieu d'avoir à constater une économie non moins égale dans les frais généraux de l'administration française, si l'on avait tenu compte simplement des conséquences naturelles du développement des progrès modernes, et mis de côté les intérêts des politiciens.

Le mal existant a-t-il chance d'être enrayé?

Avec l'état politique actuel, il semble impossible de trouver le moyen d'y parvenir. — Ce moyen serait la mise a exécution d'un plan général de réformes répondant aux besoins politiques et matériels, et l'arrêt de la marée toujours montante des quémandeurs de places, à une époque où tout concorde à démontrer la nécessité d'en diminuer bien plutôt le nombre.

Il faudra cependant aborder un jour cette question.

Tout arrive ici-bas. Les changements les

plus radicaux dans l'organisation des nations s'opèrent et s'imposent quand ils répondent aux idées et aux besoins de l'époque où ils se produisent.

Par qui et par quels moyens s'accompliront les réformes nécessaires? La réponse à cette question sort du programme de la présente étude, — en la faisant entrer dans le domaine de la politique pure.

Le cadre qui lui a été assigné ne doit servir qu'à des exposés de faits et des changements qu'elles nécessiteraient. Si les gouvernements s'y trouvent intéressés ce n'est qu'en raison de la place qu'ils occupent dans la gestion des choses d'ici-bas.

C'est pour cette raison, que dans les lignes qui précèdent, le gouvernement a été forcément mis en cause, les réformes qu'elles traitaient étant toutes de son ressort. — Son étiquette n'y a été pour rien.

II

Influence des découvertes modernes sur la question des réformes sociales nécessaires. — Moyens à employer pour en répandre la connaissance chez les intéressés.

Le Socialisme est à l'ordre du jour. Chacun admet qu'il se prépare, dans un délai de temps plus ou moins court, un changement dans l'organisation de la société humaine. Contrairement à ce qui était le mobile des réformateurs d'autrefois, les questions politiques et morales cèdent la place à celles ayant trait au matérialisme pur.

Sous le règne de Louis-Philippe on trouvait des hommes prêts à risquer leur vie et la risquant pour la défense et le triomphe de principes. Les royalistes se faisaient tuer pour leur Roi en Vendée.

Les bonapartistes se battirent à Paris pendant les journées de Juillet pour le roi de Rome. Pendant dix ans, les républicains luttèrent les armes à la main pour les idées dont la réalisation devait amener l'avènement de leurs doctrines.

Ceux qui survivaient et passaient en justice affichaient hautement leurs opinions et ne reculaient pas devant la responsabilité de leurs actes.

Il n'en est pas ainsi aujourd'hui.

Est-ce une conséquence du triste spectacle que la politique pure a donné à la génération présente? En tout cas le désintéressement qu'elle effecte pour toute idée abstraite, et son penchant à ne s'occuper que de l'amélioration du bien-être et de la vie matérielle, est chose indéniable.

Le plaisir et la bonne nourriture, sont les desiderata de tous. Ce sont choses pour lesquelles on ne risque jamais sa vie, ni même quelques jours de prison à en juger par l'acharnement que tous les prévenus de révoltes contre les lois et de troubles sur la voie publique mettent à se disculper devant les tribunaux.

Depuis des années, Ravachol est seul à avoir accepté la responsabilité de son acte. Et encore son mérite est-il fort diminué, par suite de sa condamnation à mort, pour le meurtre de l'ermite !

Pour les raisons précitées, les craintes de révolutions violentes que peuvent provoquer les réformes sociales, ne sont pas sérieuses, tant que les chefs socialistes, qui prétendent représenter la cause des classes populaires, même les réellement sincères, ne se préoccuperont que des intérêts purement matériels de ceux dont ils rêvent le bonheur. Mais il ne faut pas se dissimuler que pour être moins grand, le danger devant résulter de la propagation incessante des doctrines socialistes, existe toujours. Pour l'écarter il n'est d'autre moyen que de les combattre, en se plaçant sur le terrain des faits matériels.

Les réformes dont l'utilité est évidente, telles que les rapports entre patrons et ouvriers, les participations aux chances de l'exploitation, les caisses de retraites, les assurances contre les maladies et la vieillesse, figurent bien sur les programmes socialistes mais ne servent jamais de base aux réclamations dont ils considèrent l'adoption comme urgente.

Quel est le point de départ de toutes les grèves ?

C'est, sans exception, une demande d'augmentation de salaire, parfois accompagnée d'une diminution de travail.

Comme le plus souvent, les ouvriers y gagnent quelque chose, ceux qui les mènent y gagnent eux en popularité; et le nombre de leurs adeptes augmente.

Or, ces réformateurs semblent ignorer, ou ignorent plus que probablement, que le sort de ceux dont ils représentent les intérêts, est soumis aux mêmes lois que les matières premières qu'ils sont appelés à transformer par leur travail, et toujours en raison des découvertes modernes.

Du moment que les produits du sol et les richesses souterraines de la terre sont appelés à voir leurs prix subir des variations qui, tout en étant exposées à passer par des alternatives de hausse et de baisse doivent amener leur dépréciation finale, les travaux de l'ouvrier sont fatalement condamnés à perdre de leur valeur.

Il a, en outre, deux ennemis contre lesquels la lutte est assurée et dont l'issue est redoutable.

Le premier, c'est le développement presqu'illimité des forces de la mécanique.

Le deuxième, la concurrence des millions de bras, aujourd'hui inoccupés, que l'industrie généralisée et uniformisée utilisera forcément quand elle y trouvera son avantage.

Si la puissance dans l'avenir des forces de la mécanique est généralement admise, par contre, combien grande est l'ignorance touchant ce qui résultera du déplacement des forces humaines appliquées au seul travail de la main-d'œuvre, que produira le développement des communications.

Sait-on que la Chine seule compte quatre cent millions d'habitants (plus du quart de la population du globe) et que l'homme y gagne sa vie avec un salaire journalier de quelques centimes.

Il est probable que le travail de huit heures y est ignoré.

Le jour où de ce stock d'êtres humains,

immobilisés jusqu'ici chez eux, sortiront des essaims de travailleurs, et où, même sur place, l'industrie locale fera concurrence au travail européen, quelles sont les lois de police et de douanes, qui pourront arrêter l'immigration des premiers, et le passage des frontières aux produits des Célestes (1).

Il n'y a pas encore longtemps, les pays de l'ouest de l'Europe, possédaient le monopole de la vente du charbon de terre.

Aujourd'hui, on en trouve partout, et le jour n'est pas loin où la production des mines d'Angleterre, de Belgique et de France n'aura plus à alimenter que les besoins de ces trois pays. A quel prix tombera la rémunération des mineurs? (2)

(1) Il faut aussi songer aux 250 millions d'Indous aujourd'hui sujets Anglais, qui en attendant l'heure où sonnera leur indépendance, commencent déjà à faire concurrence à l'industrie de leur mère-patrie.

(2) Une des causes latentes des troubles apportés, en ces temps derniers, dans les marchés des charbons du Nord de l'Europe, ne serait-elle pas le commencement de la concurrence étrangère et lointaine.

Et ce qui s'applique aux mines de charbon peut se dire pour toutes les industries.

C'est alors que le véritable danger sera à craindre.

Quant les travailleurs se trouveront, non seulement déçus dans leur espoir de voir leur sort s'améliorer, mais encore condamnés à souffrir, peut-être même à perdre leurs moyens d'existence, ils n'auront pas la résignation du sage.

Ils se retourneront alors contre la société, et s'en prendront à ceux qu'ils accuseront sinon de les avoir trompés sciemment, tout au moins, de n'avoir pas su leur dire la vérité.

A leurs reproches ces derniers n'auront même pas la ressource qu'ils ont utilisée si souvent, d'attribuer la responsabilité du mal, à l'infâme capital, car son sort n'aura pas été meilleur que celui du travailleur.

Il aura été tué comme le travail par la concurrence.

En tout cas, la simple sagesse enseigne que bien loin d'exciter les jalousies et les haines entre patrons et ouvriers, entre industries rivales, entre capital et travail, il est de toute nécessité de chercher les moyens d'entente et d'établissement d'accords, acceptés par toutes les parties.

De plus elle conseille de ne plus voir dans les affaires industrielles, et surtout minières que des placements ayant entr'eux des chances de baisse telles, qu'elles ne peuvent être considérées que comme des placements aléatoires.

Il en résulte qu'elles exigent une capitalisation d'intérêts bien supérieure à celle acceptée aujourd'hui.

Il est temps de voir cesser cette plaisanterie véritablement surannée, de l'infâme capitaliste s'engraissant de la sueur du peuple.

La cote officielle de la Bourse démontre que le revenu des valeurs financières et industrielles, réputées sérieuses, varie entre 3 et 4 0/0 l'an. Quant aux autres qui se comptent par centaines, la majorité voit ses cours dépréciés au-dessous du pair, et ne donnent aucun intérêt.

On pourrait en citer, et en assez grand nombre, dont l'exploitation a depuis des années, fait vivre des milliers d'employés et d'ouvriers, et qui n'ont pas donné un centime de revenu à leurs actionnaires.

Il en est de même pour les entreprises particulières, industrielles et commerciales. Elles passent par les mêmes chances de bonheur et de malheur auxquelles sont exposées toutes choses humaines. Les seules lois que l'on inventera pour les modifier, avec des chances d'utilité seront celles qui auront pour effet d'amener l'entente la plus large entre les parties intéressées.

Depuis le jour où les hommes ont dû travailler pour vivre, ils se sont, comme en toute association humaine, partagés en chefs et en subalternes.

Dans l'industrie, les chefs se sont appelés patrons, les subalternes ouvriers. La grande majorité des premiers, provint de tous temps, des seconds sortis du rang, en raison de leur intelligence, de leur esprit d'économie et de leur bonne conduite.

Des deux côtés des bons et des mauvais se sont rencontrés, avec des torts et des raisons s'alternant toujours.

En admettant que les torts aient été plus nombreux autrefois du côté des patrons que de celui des ouvriers, aujourd'hui il n'en est plus tout-à-fait de même par suite du triomphe des idées modernes et des lois qui donnent aux travailleurs tous les droits à la défense de leurs intérêts.

Voici exposées les conséquences fatales des découvertes modernes et de la marche en avant, continue et sans prévision possible d'un terme d'arrêt quelconque.

Maintenant qu'elles sont les moyens possibles à employer pour enrayer la dite marche, et empêcher les catastrophes probables dans l'avenir ?

Il n'en est pas d'autres en présence d'un danger commun, que de faire cesser les luttes de classes, et d'apprendre au peuple, c'est-à-dire à l'universalité des citoyens, la vérité non pas seulement sur le présent mais principalement sur l'avenir.

Ce serait une instruction bien autrement utile et importante, que celle qui lui est donnée dans les écoles publiques.

La société européenne étant la plus exposée aux dangers à venir, elle devrait arriver à une entente entre tous les pays d'Europe pour étudier les moyens de les combattre et trouver une organisation nouvelle appropriée aux choses d'à-présent, et préparée aux modifications que l'avenir doit lui imposer.

Il est certain que ce n'est pas en continuant à augmenter le chiffre des soldats, en développant de plus en plus la protection, en excitant les haines de classes et surtout en mettant en opposition le capital et le travail, au moment où jamais leur union n'a été plus nécessaire, par suite de la transformation des lois du commerce et de l'industrie imposée par les progrès modernes, que l'on arrivera à la réalisation des espérances qui viennent d'être énoncées.

Aussi les chances qu'elles en ont sont bien faibles.

Ce n'est pas une raison pour que les prévoyants dans l'avenir, se découragent et que les idées précitées soient condamnées comme irréalisables.

Combien en est-il parmi celles qui ont gouverné le monde, qui ont passé, à plus juste titre, à leur origine, pour de simples utopies.

Quel nom aurait-on donné à celui qui aurait prédit les changements survenus dans le monde pendant le dix-neuvième siècle?

Celui d'un fou!

En attendant l'entente si désirable entre les pays civilisés, pour arriver sans bouleversement à l'organisation logique de la société, devant résulter du développement des progrès modernes, ne pourrait-on pas les utiliser en France pour faire connaître la vérité au peuple.

Une expérience à tenter à cet effet, consisterait à mettre à contribution, l'instruction et la publicité, ces deux outils dont l'emploi est encore contestable comme utilité, et laisse jusqu'ici l'opinion hésitante à l'égard des services qu'ils sont appelés à rendre pour le bonheur général.

Vint-elle à ne pas réussir, ses initiateurs pourront être accusés d'erreur, mais ne mériteront pas le reproche de s'être montrés rétrogrades et opposés aux idées de progrès.

Il est une méthode pratiquée de tout temps en politique, et qui consiste à choisir un terrain sur lequel on attaque son ennemi, à n'en pas sortir, et à employer pour s'y maintenir, l'adoption de deux ou trois idées faciles à comprendre par les masses et de nature à capter leurs sympathies par leur simplicité même.

Toutes les écoles socialistes, ou se disant telles, bien que séparées par la diversité de leurs systèmes et des résultats qu'ils doivent amener pour le bonheur des générations à venir, se trouvent d'accord : 1° Dans l'hostilité vis-à-vis de la bourgeoisie (c'est là le terrain politique sur lequel la lutte doit s'engager). 2° Dans l'abolition du capital et le travail de huit heures, entraînant presque toujours augmentation des salaires.

Toutes questions, dont la solution est de nature à flatter la majorité des travailleurs qui n'ont pas d'argent et ne demandent qu'à gagner le plus possible tout en travaillant moins.

Si ces attaques doivent leur assurer la victoire ils ont cent fois raison de les renouveler et toute tentative pour les repousser restera sans effet tant que l'on demeurera sur le terrain des généralités.

On aura beau dire et écrire que les classes dites privilégiées des temps passés avaient été supprimées par les lois et l'habitude depuis la révolution de 1789, que la bourgeoisie n'est composée que d'ouvriers ou de paysans devenus plus riches que les autres, soit par leur intelligence, soit par leur travail, soit même par l'effet d'un hasard heureux; qu'il est impossible par suite de définir exactement où finit la bourgeoisie à remplacer et où commence le peuple désireux de la détruire, on en sera pour ses frais d'éloquence et de style.

Il n'en serait pas de même *si les individus attaqués se groupaient dans un but de défense,* se gardant bien de rien demander au gouvernement, et mettant de côté toute polémique ayant pour objet de démontrer leurs droits, utilisaient une bien faible partie de leurs forces pour faire connaître la vérité touchant les questions du capital et du travail réglementé qu'ignore complètement la presque universalité des travailleurs.

Que reproche-t-on au capital?

D'accaparer à son profit la plus grande partie des bénéfices à leur détriment. De faire profiter ceux qui le possèdent du travail des autres, et de perpétrer cette illégalité, partageant ainsi la société en deux classes : l'une ayant, sans rien faire, le monopole des jouissances, l'autre la misère en compensation d'une vie entière de labeurs et de privations.

Si ce tableau était vrai, il n'y aurait pas une voix pour défendre un état social aussi abominable, et il serait incompréhensible qu'il ait pu durer aussi longtemps sans provoquer une révolte de ceux qui en sont victimes depuis si longtemps.

La vérité est que, s'il y a eu des cas malheureusement très nombreux, (sans remonter au temps où l'esclavage régnait sur terre) d'exploitation d'hommes par d'autres hommes dans des conditions réprouvées par la justice et la raison, depuis longtemps déjà et dans tous les pays dits civilisés, ces cas ne se présentent plus et ne peuvent même plus se reproduire. Ce n'est pas à dire qu'il n'y ait pas encore dans l'organisation actuelle du travail et dans les rapports entre le capital représenté par le patron et le travail par l'ouvrier, des réformes à faire et des abus à réprimer. Mais ces derniers forment plutôt exception. On doit arriver à les détruire par le simple fonctionnement des lois existantes, et la création d'autres si la nécessité en est démontrée.

Il en est pour le capital comme pour le clergé. Ses privilèges ont disparu, et c'est maintenant qu'on l'attaque avec le plus d'énergie et qu'on entend lui faire payer les soi-disants torts de son passé ! La statistique qui n'appartient à aucun parti et peut être consultée par les chefs socialistes de bonne foi, est à leur disposition.

Voici ce qu'ils y verront :

Les pertes supportées en France, par les capitaux engagés à la Bourse dans les affaires d'argent, emprunts d'États, Banques diverses, Sociétés commerciales et industrielles depuis 1850, date du développement des entreprises résultant de l'application des découvertes modernes, montent à un chiffre énorme de millions. Le relevé de l'*Annuaire des agents de change* pour 1892 accuse sur les valeurs cotées à la Bourse depuis 1881, plus de deux milliards de pertes, ne comprenant pas, bien entendu, celles provenant de la dépréciation des fonds d'États étrangers, qui la doubleraient et au-delà.

Si on y ajoute ce qui a été perdu dans les entreprises commerciales et industrielles, montées depuis onze ans en dehors de la Bourse officielle, on peut, sans être accusé de partialité en faveur du capital, assurer que le nombre des malheureux, dont la réduction de leurs moyens d'existence a abouti fréquemment à la misère absolue sans avoir rien fait pour mériter leur triste sort, est considérable.

Or, pendant cette période de onze ans, sans remonter plus haut, tous les ouvriers ont vu, presque sans aucun arrêt, l'augmentation de leurs salaires, et sauf quelques exceptions indépendantes le plus souvent de la volonté des patrons, la régularité des paiements des dits salaires.

Il est certain que, si l'on pouvait établir une comparaison entre leur sort et celui des capitalistes rentiers, on trouverait incontestablement qu'il est plus à envier que le second, tant reproché à ces heureux que l'on accuse de vivre aux dépens et des sueurs de leurs frères malheureux (1).

Naturellement on objectera que si beaucoup d'entreprises ont été malheureuses, d'autres, en non moins grand nombre, ont eu des résultats inespérés. — C'est absolument vrai, et c'est même une des raisons qui ont amené la hausse des salaires, et en même temps l'augmentation du chiffre *des rentiers, dont la plus grande partie des capitaux provient des économies des simples travailleurs.*

C'est une nouvelle raison à ajouter à celles qui démontrent l'injustice des attaques dirigées contre le capital.

(1) Un ouvrier, traduit devant les tribunaux comme anarchiste, exposait pour sa défense l'indignation qu'il avait éprouvée, en voyant ses patrons s'enrichir honteusement du travail de leurs ouvriers.

Or, la société à laquelle il faisait allusion n'avait donné aucun revenu à ses actionnaires depuis douze années, pendant lesquelles son personnel, employés et ouvriers avait touché en appointements et en salaires, une somme de près de trente-six millions.

Quant à ses actions, émises à 500 francs, elles étaient tombées au dessous de 100 francs.

Dans une autre catégorie d'entreprises : dans celles dites financières, le sort du capital est à peu près le même. Il en est qui ont fait, à la fois, la fortune de ceux qui les ont lancées et des capitalistes grands et petits s'y étant associés. Mais tout aussi grand est le nombre des opérations ayant ruiné, à la fois, et fondateurs et souscripteurs.

Le bonheur attribué au capital au détriment du travail est très discutable, et ceux qui le possèdent sont exposés aux mêmes chances, bonnes et mauvaises, que comportent les hasards de l'existence humaine.

En outre, c'est au moment où l'abondance de l'argent provenant de l'accumulation des économies et concordant avec un arrêt presque complet de nouvelles entreprises industrielles, commerciales et financières, fait baisser à des prix jusqu'ici inconnus, l'intérêt des valeurs, considérées comme de tout repos, tels que les emprunts d'états et de grandes villes, que les réformateurs de l'état social tendent par leur langage et leurs écrits, à rendre encore plus timorés ceux qui seraient disposés à commanditer le travail, en les dénonçant indistinctement comme des exploiteurs et des ennemis de l'ouvrier.

Qu'arriverait-il si en présence des attaques dont il est l'objet, l'argent effrayé se cachait et refusait de s'employer.

Admettons le cas d'un syndicat de tous les propriétaires de manufactures, d'usines et de mines, se formant en réponse à celui qui, est préconisé à date fixée d'avance, par les amis des classes populaires ?

Même avec les lois les plus radicales, avec l'emploi des mesures révolutionnaires allant jusqu'à la violence, de quel côté les privations et la misère seraient-elles les plus grandes ?

Que les députés ouvriers, et les chefs d'école répondent !

Après la destruction du capital, arrivent dans leurs désidérata la limitation des heures du travail et l'augmentation des salaires. Ils fixent la première au chiffre de huit heures, laissant indéterminé celui de la seconde, *pour les travailleurs ouvriers seuls*, et reculant pour le moment devant la difficulté de réglementer le travail des paysans, qui ont à compter avec la nature, c'est-à-dire avec un maître ne pouvant pas être compris parmi ceux avec lesquels on est à même de discuter.

Il est triste de voir ignorer à ce point les conditions que le développement des progrès matériels a commencé à imposer et imposera dans un avenir prochain, à l'humanité entière en ce qui touche aux lois d'échange et de commerce.

La fixation des heures de travail au chiffre de huit, est motivée, en principe, par une raison fort juste, celle d'empêcher le surmenage humain, mais elle n'est praticable qu'à la condition d'être acceptée par tous les travailleurs du monde entier.

Or, le jour où l'appel à la fraternité des hommes et à leur réunion en une seule famille sera entendu et détruira les barrières, de politique et d'intérêts qui les séparent, n'est pas (on le reconnaîtra) près d'arriver.

Mais ce que dès aujourd'hui il faut admettre, c'est qu'en dépit des lois d'exception et des cordons douaniers, par la force seule des facilités de communications toujours grandissantes, tout article fabriqué dans des conditions de prix, dix fois, cinq fois, même simplement moins chers dans certains pays, arrivera à supplanter tout article similaire sur les autres marchés.

En Chine, pour prendre l'exemple le plus saisissant, certaines matières premières sont à bas prix, et les ouvriers ont des salaires de quelques centimes par jour.

Quand les articles fabriqués avec les dites

matières, et avec des prix de main-d'œuvre pareils arriveront sur les marchés Européens, comment pourra-t-on les empêcher d'y pénétrer? Ce jour-là que deviendront les produits similaires? Ce cas s'est déjà présenté pour l'industrie des chapeaux de paille. Elle a complètement disparu en France.

On dira que c'est une exception! Oui, peut-être pour le moment. Mais dans un temps donné, ce sera la majorité des industries de fabrication qui aura à lutter contre une concurrence que toutes les lois protectionnistes ne parviendront pas à empêcher. Et cette concurrence ne s'appliquera pas seulement aux objets ouvrés.

Elle s'attaquera également aux produits de la terre et du sol. Les mineurs, en ce moment de tous les ouvriers les plus en vue, croient-ils que les charbons seront aussi demandés et maintiendront leurs cours de vente, lorsque les mines qui se trouvent dans tous les pays du monde seront exploitées. Le danger à provenir de ces luttes industrielles, n'est pas immédiat, mais il n'est pas très éloigné, et les faits qui le motivent sont des plus sérieux, et surtout indéniables.

Faire miroiter aux yeux des ouvriers la diminution des heures de travail, et l'augmentation des salaires, est chose facile, et qui ne peut que rendre populaires près d'eux ceux qui leur en font espérer la réalisation. Il faut reconnaître que, dans nombre de cas, où les grèves l'ont provoqué, le droit était du côté des travailleurs.

Il ne peut donc venir à l'esprit de personne de vouloir contester la légitimité du droit qui leur est accordé de chercher à améliorer leur sort par tous les moyens légaux, et les personnalités éclairées qui les guident et les encouragent dans leurs revendications ne peuvent qu'être approuvées, mais à la condition de leur faire connaître, jusqu'où peuvent aller leurs prétentions, sans danger pour le bien public. — Les masses ne voient jamais que ce qui les touche de près et sur le moment même. — Elles ne peuvent pas se rendre compte, que par suite de l'organisation sociale devant résulter du développement des progrès matériels, les intérêts généraux domineront les intérêts particuliers, et qu'il est certaines limites où devront s'arrêter les exigences de ces derniers.

C'est à ceux qui ont la prétention de les diriger à leur faire connaître la vérité.

Les chefs d'école socialistes doivent savoir que le triomphe immédiat de leurs idées est impossible. Ils ne peuvent ignorer, qu'une fois la suppression du capital obtenue, et la production œuvre des ouvriers syndiqués, ayant seule à lutter contre celle des pays non encore convertis à la nouvelle organisation (ce qui exigera un certain temps, les plus passionnés doivent l'admettre), aucune des promesses de bonheur, inscrites sur leurs prospectus ne se réalisera.

Qu'ils laissent donc subsister, tout en étudiant les modifications exigées par la marche des besoins et des nécessités, les rapports existant entre le capital et le travail. La prépondérance de ce dernier sur le premier s'accentue journellement.

Le temps est proche où le simple rentier ne pourra plus exister. — En Angleterre, le taux de l'argent est tombé un instant à $^5/_8$ 0/0. — Le revenu annuel, et offrant une garantie sérieuse est de 3 0/0 environ. Un ouvrier gagnant 5 fr. 50 cent. par jour (c'est la moyenne des salaires), avec un travail de 300 jours par an, et un mois de chômage, a le revenu d'un propriétaire d'une somme de 50.000 fr., presque une petite fortune (1).

(1) Cette somme de 50,000 francs n'est plus exacte du moment que l'ouvrier prendra sur sa paie journalière une somme destinée à lui assurer un capital pour ses vieux jours.

Mais en supposant qu'il vive sur le pied du rentier pos-

Si par suite de chômages prolongés ou de maladies, il est exposé à voir ses ressources diminuer, le possesseur du capital court les mêmes dangers, résultants d'évènements imprévus.

Réellement l'état présent des choses ne fournit pas matières, sauf bien entendu certaines exceptions, aux attaques et aux violences dont les prétendus représentants des intérêts populaires se font les propagateurs.

Ils seraient bien mieux inspirés et serviraient plus utilement la cause qu'ils ont prise en mains, en dirigeant dans la voie d'apaisement les questions d'intérêt à régler entre patrons et ouvriers. — Le champ des réformes et des innovations est assez vaste pour que

sesseur des 50,000 francs de capital et qu'il place 1 fr. 25 par jour à un intérêt composé de 3 0/0, il se trouvera à soixante ans (ayant commencé à travailler à vingt-cinq) en possession d'une somme de 25,000 francs environ, qui lui assurera l'existence pendant sa vieillesse, et qui reviendra à ses enfants après sa mort.

son exploitation utile nécessite le concours de tous les intéressés.

La création de tribunaux arbitraux, la constitution de caisses de secours en vue des chômages, des maladies et de la vieillesse, l'organisation de la solidarité entre le capital et le travail, pour ne citer que les plus importantes, constitueraient déjà un fameux progrès et permettraient d'attendre avec quelque patience la venue de l'âge d'or où le bonheur sera l'apanage du genre humain.

Pour le moment, les socialistes ne sont pas même d'accord sur les moyens à employer pour la provoquer. — Ils semblent toutefois tous disposés à user de l'arme de l'intimidation, certains même de la violence, à l'égard de leurs soi-disant ennemis. Qu'ils y prennent garde, la force n'a jamais eu raison contre le droit. Le jour où ils l'oublieraient, ils pourraient bien s'apercevoir que ces ennemis, mis dans l'obligation de se défendre, seraient assez puissants pour renvoyer à une date éloignée la réalisation d'un état de choses que l'esprit de conciliation peut seul rendre possible et même prochain.

Dès aujourd'hui, ces ennemis (les capitalistes pour les appeler par leur nom) devraient s'entendre pour repousser les attaques injustes, pour la plupart, dont il sont l'objet, et user des moyens à leur disposition pour éclairer les masses des travailleurs et leur faire connaître la réalité des faits presque toujours dénaturés à leurs yeux.

Les meneurs du socialisme, ceux qui se posent en représentants des intérêts populaires, se donnent tout entiers à leur œuvre. — Ils trouvent les ressources nécessaires pour subvenir à leurs déplacements, à la promulgation de leurs doctrines par la voie de la presse (1). — Une grève se fait-elle pres-

(1) Le catéchisme socialiste de M. Tabarant dont l'apparition est annoncée comme prochaine, en est une preuve.

sentir? Ils sont sur les lieux, prêts à la provoquer, à la fomenter, et surtout à l'utiliser pour les besoins de leur cause. — C'est toujours la même chanterelle sur laquelle ils appuient, mais l'air qu'elle produit a toujours son effet. — Le résultat obtenu n'est pas parfois complet; quelque petit qu'il soit, c'est toujours grâce à lui, un pas fait en avant. Or, à toutes ces attaques, quelle résistance la classe capitaliste et propriétaire présente-t-elle? — Elle se contente de s'opposer à chacune d'elles, prise isolément dès qu'elle s'est produite, cherchant rarement à l'éviter, finissant généralement par céder de mauvaise grâce quelque peu de ce qui lui est demandé, et faisant souvent appel au gouvernement pour la défendre contre les cas de violence. — Puis le fait accompli, chacun retourne à ses affaires. —

Cet opuscule sera tiré à des centaines de milliers d'exemplaires, et donné pour rien à ses lecteurs, qui par leurs cotisations en auront payé d'avance les frais.

On ne se préoccupe en rien de ce qui peut arriver à son voisin, ne se dissimulant pas toutefois le danger à venir, mais répétant cette phrase dite si souvent : « Cela arrivera sans doute, mais je ne serai pas là pour le voir. » — Il y aurait cependant un moyen bien simple, sinon de l'empêcher à tout jamais, tout au moins d'en retarder l'accomplissement pour un temps long encore.

Capitalistes et propriétaires n'auraient qu'à se syndiquer eux aussi (puisque la mode est aux syndicats), comme il a été dit au commencement de cette étude, et à s'unir pour combattre le bon combat sur le terrain même choisi et exploité par les *aimeurs* de peuple. — Il faut partir du principe suivant et l'accepter comme vrai.

L'immense majorité des masses populaires est honnête.

On l'entraîne bien plus facilement au bien qu'au mal, en faisant appel aux sentiments de justice innés en elles. — Ce n'est pas en soulevant les questions purement matérielles, concernant l'amélioration de leur bien être, qu'on parvient à les entraîner; mais en les accompagnant de considérations idéales, destinées à faire ressortir ce qu'il y a d'inconséquent entre ce qui est et ce qui devrait être, *si les règles de la justice et de l'égalité étaient observées.* — On se garde bien de leur dire que ce rêve si désirable, l'humanité n'en verra jamais la réalisation. — C'est incontestablement en profitant de l'ignorance et de la naïveté de la presque totalité de leurs auditeurs que les meneurs des foules leur font accepter leurs doctrines et leurs conseils.

C'est cette ignorance seule qu'il faut combattre; et pour ce faire, le procédé est bien simple. Dès demain organiser partout des centres de résistance. — Réunir les fonds nécessaires (ce sera chose facile!!) pour former un personnel instruit, énergique, prêt à payer de sa personne et à servir par ses paroles, ses écrits et ses actes, la cause de la vérité.

Ce personnel est tout trouvé. Il se recrutera en nombre indéfini, parmi les milliers de jeunes gens possédant les brevets supérieurs et se trouvant pour la plupart dépourvus de moyens d'existence, le nombre des élus dans les fonctions universitaires étant, chaque année, inférieur à celui des postulants. Ils seraient heureux de trouver des positions leur assurant une existence convenable, et d'avoir la chance d'arriver par leur travail et leur mérite à des situations élevées.

Ce serait, en outre, un puissant dérivatif au courant qui doit fatalement amener nombre d'entr'eux à demander la possibilité de vivre aux moyens révolutionnaires et à augmenter ainsi, avec tout sujet de raison, l'armée des mécontents et des déshérités.

Reproduire gratis et à des millions d'exemplaires, dans toutes les communes et dans les centres manufacturiers et industriels, la connaissance des choses utiles et *la réfutation surtout des faits erronés.* Faire connaître ceux qui méritent d'être flétris devant l'opinion populaire, tels par exemple, (pour ne citer que les plus récents), les comptes du syndicat de Fourmies, démontrant que sur une somme de 9.000 fr. environ destinée aux grévistes, plus des trois quarts ont été détournés au profit d'intermédiaires intéressés à l'existence de la grève. Exprimer en termes simples et à la portée de tous, les raisons générales qui motivent les variations en hausse et en baisse des articles de fabrication ; apprendre la solidarité tendant chaque jour à soumettre la production et le travail à des chances heureuses et malheureuses.

Joignant les actes aux paroles, donner des preuves palpables et indiscutables que la préoccupation des intérêts des travailleurs, qui ne sont, par le fait, que les associés du capital, et la protection qui leur est due, n'est nullement un monopole exercé par les apôtres du socialisme, bien différents de ceux qui ont fondé le christianisme, au point de vue du désintéressement personnel; arriver enfin, à démontrer que l'entente devant résulter de la meilleure connaissance des effets et des causes, et de l'accord à l'amiable des intéressés, est préférable à toutes les grèves, même à celles *aussi avantageuses* que l'a été la grève de Carmaux, tant aux propriétaires de la mine qu'aux mineurs.

Pour réaliser pareil projet, il suffirait de quelques hommes de bonne volonté, dégagés de toute attache gouvernementale, indépendants de toute politique, et comprenant en même temps que l'importance de la force qu'ils organiseraient celle du danger qu'ils auraient pour mission de combattre.

Ni les soldats, ni les ressources nécesaires ne leur manqueraient, pour la réussite de cette croisade n'ayant d'autre but que l'empêchement de malheurs inévitables, et l'amélioration probable du sort de tous, grands et petits.

Ces hommes se rencontreront-ils ? Il faut l'espérer.

III

Organisation logique des armées modernes.

Les armées, telles qu'elles sont constituées aujourd'hui, donnent l'exemple le plus frappant de l'anomalie existant entre ce qui est et ce qui devrait être.

Étant admis que les raisons politiques peuvent, bien à tort, légitimer des armements exagérés chez des nations qui ne devraient combattre que sur le terrain des intérêts attachés à la paix, on peut accepter la nécessité des armées.

Reste à étudier la question de leur organisation matérielle.

Comment, c'est lorsque les communications entre tous pays, grâce à la vapeur et à l'électricité, ont amené non seulement la solidarité des intérêts, mais encore l'apaisement entre les divers peuples des haines et des rancunes du passé, que l'on adopte le système de la nation armée.

Les Barbares, destructeurs de l'empire romain, étaient tous soldats, ne connaissant pas d'autre métier, et étant égaux en sauvagerie.

Du jour où ils sont devenus les maîtres de l'Europe, et ont été conquis à leur tour par la civilisation, leur système militaire s'est modifié et pendant près de mille ans, le port des armes a été le privilège d'un petit nombre d'individus, de chefs commandant à des corps de troupes formés de gens aptes au métier de la guerre, soldats par tempérament ou par intérêt salarié et d'un chiffre infime par rapport à la masse des populations.

Le nombre des guerres n'en était pas moindre pour cela, et les souffrances qu'elles provoquaient ont marqué douloureusement l'histoire du Moyen-Age ; mais, sauf exceptions, elles étaient presque toujours localisées.

C'est au XVIIe siècle, sous le règne de Louis XIV, qu'apparurent les premières armées nombreuses. Le XVIIIe en vit la réduction, jusqu'à l'époque où la politique mettant l'Europe entière en feu, développa les effectifs militaires dans des proportions inconnues jusqu'alors.

Ce fut un accident dans la vie des peuples, et l'on pouvait espérer son non renouvellement.

Après le traité de Vienne les armements redescendirent à des chiffres modérés et restèrent tels jusqu'en 1870.

La France alors devait, sur pied de guerre, compter sur 500,000 hommes.

Par suite de circonstances inutiles à rappeler, c'est à peine si elle put en réunir 200,000, dotés d'un matériel dans un état déplorable, et dénués de toute organisation.

Par contre le chiffre de l'armée confédérée *réellement sérieuse* était de 500,000 également.

Si la France avait pu lui opposer son effectif complet, armé, équipé et commandé comme il eut dû l'être, l'issue de la guerre eut été incontestablement tout autre, à en juger par le prix dont les Allemands dûrent payer leurs succès dans les combats sous Metz. C'est uniquement à cette disproportion dans le nombre des deux véritables armées, qu'il faut attribuer le désastre subi par la France, et non au million de combattants, fournis par les réserves, qu'a compté, paraît-il, à un moment donné l'armée envahissante. — L'historique de la résistance qu'elle a rencontrée en province le prouve suffisamment.

C'est cependant à cette supériorité du nombre et à cette organisation permettant de réunir un million, non de soldats, mais d'hommes, dans un temps donné, que la France voulut attribuer le malheur qui venait de l'éprouver, au lieu de s'en prendre à ses propres fautes.

Aussi sa première préoccupation, après la signature de la paix, fût-elle de porter son armée à un chiffre égal à celui de son adversaire, qui, par suite de l'annexion déplorable et impolitique de l'Alsace-Lorraine demeurait son ennemi.

De son côté, l'Allemagne envisageant dans l'avenir la possibilité de la revanche, non seulement ne songea qu'à augmenter ses forces militaires, mais parvint grâce au prestige que lui avait donné le succès, à faire entrer l'Autriche et l'Italie dans une alliance soit disant défensive qui entraîna ces deux pays, le dernier surtout, dans la voie des armements exagérés.

Les autres états européens, sans exception, comme frappés de folie, et sans avoir aucune des raisons pouvant à la rigueur être invoquées par ceux qu'ils imitaient suivirent leur exemple; et on vit l'Europe entière dépenser la plus grande partie de ses revenus en vue de l'éventualité d'un fait qui ne se produira peut-être jamais (1).

Si, au contraire de ce qui s'est passé depuis 1870, les gouvernants, même les militaires dont le rôle parmi eux a été prépondérant, avaient été non des fous mais des êtres raisonnables et comprenant les conséquences forcées des découvertes modernes, au lieu de pousser aux armements, ils auraient dû les diminuer en raison même des progrès qui se produisent chaque jour en toutes choses.

Avec des fusils portant à 1,800 mètres et

(1) Le major-général Tyrrell estime que tandis qu'à l'époque de la guerre de Crimée, la dernière grande guerre européenne dans laquelle la Grande-Bretagne ait été engagée, les forces réunies des armées des grandes puissances de l'Europe ne dépassaient pas en chiffres ronds trois millions, aujourd'hui elles atteignent plus de vingt millions.

tirant dix et quinze coups à la minute; des canons lançant des projectiles meurtriers huit kilomètres; des voies ferrées transportant en quelques heures des milliers d'hommes et de chevaux; des ponts pouvant être posés presqu'instantanément ; des télégraphes, remplaçant la parole, etc., e[illegible], une armée de 25,000 hommes en [illegible] comme valeur une de 100,000, [illegible] pas du temps du premier Empire, que tr[illegible]néraux étaient seuls capables de commander, *à la connaissance du grand empereur*, mais bien d'il y a vingt ans, c'est-à-dire à une époque où l'armement s'était déjà bien perfectionné.

La logique aurait voulu qu'au lieu d'augmenter le nombre des combattants, étant admise la nécessité d'en entretenir, on le diminuât, en compensant la quantité par la qualité.

De l'admission du principe que l'annexion de l'Alsace-Lorraine à l'Allemagne, doit maintenir à l'état d'hostilité pour un temps non défini, les deux pays riverains du Rhin, on doit malheureusement déduire l'obligation d'entretenir chez eux une armée même considérable.

En raison du chiffre à peu près égal de leur population, on peut admettre qu'il en soit de même pour celui des combattants.

Il semble que deux cent mille hommes de chaque côté, représenteraient une jolie force militaire, et suffirait parfaitement à utiliser les capacités des généraux, qu'on ne voit pas très bien à même de commander les deux millions et plus encore de soldats, que la guerre mettrait aujourd'hui sous leurs ordres.

Les résultats, comme toujours, seraient heureux ou malheureux pour l'un des deux pays. . .

Il est nombre de bons esprits, surtout parmi les militaires ayant fait la grande guerre, (le nombre en devient chaque jour plus rare) (1), qui prétendent qu'une armée de ce chiffre de 200,000 hommes, armée et composée comme il est dit plus haut, serait assurée d'avoir le dessus sur celle d'un million des soldats d'aujourd'hui.

Une pareille expérience n'est pas réalisable il est vrai.

Mais quant à la réforme en question elle pourrait être le résultat d'un commun accord entre les divers états militaires.

Quel est celui qui voudra en prendre l'initiative?

Les armées de la France et de l'Allemagne ramenées aux chiffres énoncés ci-dessus, pourraient, étant donné l'esprit militaire qui règne encore dans ces deux pays, se composer uniquement de volontaires, dont le coût

(1) A de très rares exceptions près, les généraux actuels en France et en Allemagne n'étaient même pas officiers supérieurs en 1870.

individuel ne serait guère supérieur à celui du soldat actuel, l'augmentation ne devant porter que sur l'amélioration du bien-être et les avantages à leur accorder à la sortie du service.

Que l'on juge à combien monterait le chiffre des économies que réaliseraient les budgets, sans compter les sommes provenant du travail des centaines de milliers d'hommes revenus dans leurs foyers.

Quant aux autres nations, chez lesquelles l'exagération des armements se fait encore plus sentir dans leur état financier, sans avoir les mêmes raisons que la France et l'Allemagne pour les motiver, ils sont inexcusables de se ruiner, poussés par un pur sentiment de vanité, et en vue d'un événement dans le dénouement duquel, s'il se produit, ils ne pourraient jouer que des rôles fort secondaires comme forces belligérantes.

Il est toutefois une troisième puissance européenne ayant droit à l'entretien d'une armée considérable, et douée, en outre, d'une organisation particulière.

C'est la Russie. En effet, en dehors de la nécessité de forces militaires qu'exige présentement la surveillance de son énorme frontière occidentale, elle doit poursuivre sa marche en avant en Asie. Or, elle ne peut y continuer son œuvre civilisatrice, qu'en utilisant une armée nombreuse à la reconstitution pacifique de ces contrées si riches et si peuplées au moyen-âge, aujourd'hui transformées en désert.

Les soldats qui la composent, sont les seuls dont l'utilité soit admissible au temps présent.

La conséquence à tirer des précédentes lignes, devrait être la modification radicale du service militaire, tel qu'il est organisé en Europe.

Il y a bien peu de chances pour qu'elle

soit acceptée par les gouvernants. (Ne pas les confondre avec les gouvernés).

Et cependant il faudra forcément arriver à sa réalisation. Elle aura lieu le jour où les peuples exaspérés, par la ruine et l'infériorité où ils se trouveront vis-à-vis des pays affranchis de la servitude militaire, imposeront leurs volontés à leurs représentants.

Un des faits les plus curieux (1) que l'histoire aura à enseigner dans l'avenir, sera le spectacle donné par l'Europe dans le dernier quart du XIXe siècle des millions d'hommes inutilisés et des milliards dépensés annuellement pour satisfaire les passions intéressées des états-majors, et en prévision d'un événement que rend, chaque jour, plus improbable le

(1) Et parmi eux, ce sera celui fourni par l'Italie, qui démontrera où la folie et l'incapacité d'un gouvernement personnel peut amener la ruine d'un pays, que la nature a comblé de ses meilleurs dons, et que sa bonne fortune, avait mis à même, n'ayant pas d'ennemis à craindre, de consacrer toutes ses ressources au développement du bonheur de ses habitants.

développement forcé des transactions et des relations entre peuples, et dont l'issue est tellement subordonnée au hasard seul, qu'aucun des chefs d'État n'osera prendre la responsabilité de le provoquer.

IV

Colonisation moderne.

Le centre du continent africain est un vaste champ de bataille, en attendant la date bien éloignée où il sera devenu un champ d'exploitation, où les puissances européennes qui se le sont partagées, autour d'une table garnie d'un tapis vert, pratiquent le système de la conquête sous des formes plus ou moins variées, mais ayant toujours les moyens violents comme arguments principaux.

Elles ignorent que l'époque actuelle ne ressemble en rien à celle où l'on pouvait établir sa domination, par l'emploi seul de la force, et de procédés tels que celui qui permit aux Espagnols de détruire à Hispaniola une population d'un million d'êtres en moins de dix ans.

Aujourd'hui, c'est en usant des seules voies pacifiques, en ménageant les intérêts des chefs, les croyances et les habitudes des masses, que les Européens peuvent arriver à une prise de possession qui, sous des noms et des formes déguisés, leur donnera des avantages plus sûrs et moins coûteux à acquérir qu'elles tenteraient vainement d'obtenir par la force des armes.

Il faut être aveugle pour ne pas s'en rendre compte.

Elles ont à lutter contre deux ennemis, d'ordre matériel, dont le premier ne peut pas être vaincu.

C'est le climat qui condamne à une mort certaine et presque toujours prompte tout blanc pénétrant dans l'intérieur du pays, surtout dans les conditions de belligérant.

Le martyrologue des expéditions de ces

dernières années en est une preuve, plus que convaincante. Et encore ne le connaît-on pas dans toute sa réalité !

Quand au second, c'est la facilité, chaque jour grandissante, de la mise aux mains des combattants noirs des armes et des munitions que la facilité des communications, et le développement du commerce permettent de fournir à des prix de plus en plus modérés, et qui le sont, bien souvent, par les commerçants appartenant à la nation engagée dans la lutte.

Encore quelques années, les grigris qui conféraient l'invulnérabilité à leurs porteurs, les flèches, les zagaies, ne se verront plus que dans les panoplies des collectionneurs, et seront remplacées par des fusils à répétition et des revolvers.

Dans les commencements, et on en a la preuve aujourd'hui, leur emploi sera peu dangereux pour l'adversaire, mais petit à petit leur maniement s'apprendra, et alors quelles raisons les Européens auront-ils de vaincre des ennemis possédant le mépris absolu de la mort, et en nombre illimité.

En outre, n'est-il pas certain que cet ennemi trouvera pour le diriger et l'instruire, des chefs étrangers se recrutant d'autant plus facilement que les chances de succès grandiront en sa faveur.

On aura, il est vrai, la certitude de trouver dans les pays à occuper, des auxiliaires. Mais étant donné l'étendue des territoires à occuper, le stock inépuisable des bras pouvant être armés, et la disproportion énorme des dépenses en défaveur des Européens, il est évident que la victoire même finissant par leur rester, elle sera payée tellement cher, que les bénéfices à en retirer dans l'avenir n'appartiendront pas aux descendants de ceux qui auront été à l'honneur et à la peine.

Certes, un jour viendra où l'Afrique peuplée autrement qu'elle l'est aujourd'hui et civilisée, fera sa partie dans le monde renouvelé : mais ce ne sera pas par suite du croisement des blancs avec les indigènes. Ce croisement sera toujours forcément circonscrit aux régions tempérées, et à certaines côtes.

Quant à la région centrale qui représente une superficie double de celle de l'Europe, elle sera envahie par des immigrants composés, avant tout d'Arabes indigènes, puis d'Asiatiques (Chinois, Malais, Indous), qui formeront après un certain nombre de générations une race nouvelle comme physique, comme mœurs, comme langage, qui sera la race africaine de l'avenir.

Ces envahisseurs, surtout ceux venant d'Asie, seront pacifiques.

Arrivant après les hommes de guerre, ils seront les conquérants futurs du continent noir, dont ils remplaceront les habitants actuels, en raison de la loi de nature qui condamne toute espèce inférieure à disparaître au contact de celles occupant un rang supérieur dans l'échelle humaine.

Et ce résultat sera encore dû au seul développement des grandes découvertes et des progrès modernes. Le sang que verse les Européens dans le centre Africain, les millions qu'ils y dépensent ne serviront qu'à l'avancer au profit de leurs futurs successeurs.

V

L'avenir de la race jaune par suite des progrès modernes.

Par ce temps d'instruction obligatoire et gratuite, il est surprenant de voir combien l'histoire contemporaine est ignorée, et le peu d'importance que l'on attache à des faits qui s'accomplissent chaque jour, en dehors des boulevards il est vrai, et dont on ne tient aucun compte.

Parmi les dangers auxquels l'industrie du vieux monde est exposée dans l'avenir, il a été parlé de celui à craindre du côté de la Chine, au double point de vue de la concurrence industrielle et de la main-d'œuvre.

On ne s'en préoccupe guère, pas plus que

l'on ne fait attention au travail qui s'y opère, et est en train de transformer sa puissance militaire du passé, arriérée comme elle l'était il y a encore trente ans, en une autre toute moderne et calquée sur l'art de la guerre perfectionné, tel qu'il existe aujourd'hui en Europe.

C'est au vice-roi, Li-Hong-Tchang, dont le nom jouira dans l'avenir d'une célébrité universelle pour la marche rapide qu'il a imposée à son pays dans la voie des réformes utiles, que reviendra l'honneur de l'avoir mis à même de ne plus avoir à craindre une deuxième édition de la dernière guerre, où une poignée de soldats anglais et français a pu entrer dans Pékin, la ville impériale, pour ainsi dire sans coup férir.

Ce sont encore les Européens qui, bien entendu, ont servi d'instructeurs pour l'organisation du personnel militaire, et de fournisseurs pour le matériel à construire.

Dans la lutte engagée pour enlever la timbale, c'est l'Allemagne qui l'a emporté.

C'est un officier supérieur allemand qui est chargé de l'instruction de la nouvelle armée du Nord.

Ce sont les maisons Krupp et Loew qui fournissent et montent sur place les machines destinées à la fabrication des canons et des fusils.

De tous côtés et principalement sur les côtes et aux embouchures des fleuves on construit des arsenaux, on arme des forts avec des engins des derniers modèles.

Les jonques ont disparu, et sont remplaplacées par des navires de construction moderne et munis d'artillerie perfectionnée.

Jusqu'à présent, c'est à l'étranger qu'ont dû être faites toutes les commandes nécessaires, mais elles ne seront pas de longue durée.

Avec le talent d'imitation que possède l'ouvrier chinois, et les ressources en argent et en bras, qui sont à la disposition de Li-Hong-Tchang, le jour n'est pas éloigné où les Allemands seront remerciés, et où la Chine se suffira à elle-même.

C'est alors qu'elle pourra prétendre à être considérée comme une puissance du monde et sera à même de faire comprendre aux Américains, qu'ils devront réfléchir à deux fois avant d'appliquer à ses nationaux le décret d'expulsion qui a été rendu dernièrement contre eux, sans toutefois avoir été encore mis à exécution.

Quand les Barbares envahirent l'empire romain, dans le moment de sa civilisation la plus avancée et de sa plus grande splendeur matérielle, les moyens de communications et de transports n'existaient pas. Leur armement, leurs modes d'attaque étaient bien inférieurs à ceux des armées romaines.

Leur nombre comme combattants représentait une partie infime des populations attaquées.

On connaît l'issue de la lutte.

Ne peut-on pas craindre qu'elle ne soit telle le jour où les hommes jaunes (dont le chiffre comme population dépasse celui de tous les Européens) armés et équipés d'après les derniers perfectionnements, ayant à leur disposition les chemins ferrés, les routes, les télégraphes qui, d'ici à peu, couvriront la surface de la terre, reprendront les voies parcourues, il y a dix-sept siècles, par leurs prédécesseurs.

Pour conjurer une pareille éventualité il faut heureusement compter sur la puissance de l'élément civilisateur du développement des progrès matériels.

Le peuple chinois est intelligent, et possède un degré de civilisation incontestable.

Essentiellement travailleur et commerçant, il ne peut pas l'ignorer et doit forcément être amené à comprendre qu'il est, de toutes les races humaines, celle qui est appelée à en tirer peut-être le plus de profit.

Par suite, la conquête la plus sûre et la moins dangereuse de l'Europe devenue sa voisine, ne serait pas à demander à la force des armes, mais bien au développement de la puissance du travail et du commerce.

Sur ce terrain, la vieille Europe a bien des chances d'être battue. Ce n'est pas les barrières élevées par la protection, ni les lois que l'on élabore pour la défense des droits des travailleurs, qui pourront s'y opposer.

C'est encore là, une des conséquences fatales et inévitables des découvertes modernes, que les nations civilisées ont saluées à l'origine avec tant d'enthousiasme.

Soit sur les champs de guerre, soit sur ceux des luttes pacifiques, la Chine est une puissance à surveiller et contre laquelle l'Europe aura peut-être un jour besoin de toutes ses forces coalisées pour lui résister. Les chefs socialistes feraient bien d'y songer, lorsqu'ils règlementent le travail, et organisent la société future, *pour le bonheur du genre humain.*

Depuis quelque temps les journaux, et principalement les journaux anglais, s'occupent beaucoup de la Chine, et prêtent à son gouvernement des intentions malveillantes à l'égard des étrangers.

Cela n'a rien de surprenant !

Si dans les grands personnages dirigeant la politique du Céleste-Empire il s'en trouve qui leur soient favorables, il est certain qu'il en est aussi d'hostiles et le nombre de ces derniers doit l'emporter sur celui des premiers.

Les seuls étrangers dont les Chinois aient à redouter l'envahissement sont les Anglais et les Américains, et nullement les Français dont le développement comme puissance coloniale au Tonkin, et encore moins au Siam, n'est pas de nature à leur causer aucune crainte.

Le gouvernement chinois, a, au contraire, intérêt à les considérer comme des amis, pouvant devenir des alliés à un moment donné (1).

Il doit être facile à la diplomatie française de profiter de ces dispositions en ne faisant rien, non seulement pour les modifier, mais en s'efforçant à les rendre plus favorables dans l'intérêt des deux pays.

Malgré le dire des correspondances anglaises, la Chine doit avoir bien plus à crain-

(1) Sait-on que dans *tous* les pays d'Extrême Orient occupés par la France, ce sont les Chinois qui monopolisent, pour ainsi dire, toutes les branches des revenus indigènes, n'en abandonnant qu'une faible partie aux étrangers Européens.

Ces étrangers comprennent les Français qui bien entendu, ne viennent comme importance des chiffres d'affaires, qu'en derniers, après les Anglais et les Allemands.

dre de l'occupation de la Birmanie, par l'Angleterre, que de celle du Siam par la France, si toutefois, et contre toute probabilité, elle venait à avoir lieu.

VI

Les affaires financières et la Bourse au temps présent.

En 1804, un décret impérial organisait la Compagnie des Agents de change, et les chargeait à titre d'officiers ministériels de la négociation des fonds publics, des valeurs françaises, tels que la Banque de France, les Canaux, etc. Plus tard certains titres étrangers furent admis à la cote.

Dans les vingt-cinq premières années, le nombre des valeurs négociables demeura très restreint; quand à la spéculation elle ne portait que sur les rentes.

En 1828, on inaugura le local destiné à à réunir les agents chargés de négocier les valeurs de finances et de commerce. On lui donna le nom de Bourse, qu'il a conservé aujourd'hui.

A partir de 1830, les transactions en bourse prirent une importance qui alla en grandissant jusqu'au moment où les découvertes de la vapeur et de l'électricité amenèrent une explosion d'affaires de toutes sortes et inaugurèrent une ère de travail et de développement industriel qui, depuis lors ne s'est plus arrêté, tout en changeant de terrain d'action.

L'Europe, initiatrice de ce mouvement qui a battu son plein de 1850 à 1880, se trouve aujourd'hui marquer le pas, et vit sur l'exploitation plus ou moins fructueuse des affaires existant à cette dernière date. Jusque dans ces temps derniers, la Bourse de Paris avait tenu le premier rang parmi les marchés européens. Elle l'a perdu incontestablement aujourd'hui, et la cause principale en est dans la méconnaissance, impardonnable de la part des gouvernants et des agents de l'influence des progrès modernes. Ils semblent ignorer tout ce qui se passe autour d'eux. Il y a soixante ans, la cote de la Bourse était attribuée à un très petit nombre de valeurs, et principalement françaises. Les communications avec l'étranger étaient des plus restreintes et monopolisées par quelques banquiers.

Celles avec les départements étaient postales et demandaient pour s'effectuer plusieurs jours en moyenne.

Aujourd'hui la cote officielle comprend cinq cents valeurs, représentant, en comprenant les fonds d'État, une somme énorme de milliards.

Elles appartiennent à presque tous les pays du monde, que les télégraphes et les téléphones mettent en rapports continuels et instantanés.

On devait croire qu'à un pareil changement auraient dû correspondre des modifications radicales dans l'organisme général de la Bourse, tant dans ses rouages matériels que dans les lois la régissant.

Il n'en est rien !

En ce qui a trait aux rouages matériels on est encore à peu de choses près à 1830.

Un individu ayant assisté, en 1830, à l'inauguration du monument de la Bourse, qui y entrerait aujourd'hui, le trouverait tel qu'il était le jour de son ouverture.

L'application sur les murs intérieurs des cotes des bourses de Londres (celle-ci affichée à une heure de l'après-midi), de Lyon, de Bordeaux, de Marseille et l'établissement de bancs à ressorts le long de certains piliers donnés à l'adjudication, représentent *toutes les réformes matérielles* opérées en soixante-cinq ans (1).

Or, il n'est pas aujourd'hui une Bourse, en

(1) Et encore, étant donnée l'exagération du prix de leur location, on peut croire que leur mise en place a été décidée plutôt en vue d'un revenu à en retirer, que d'un progrès à réaliser.

Europe tout au moins, où depuis nombre d'années les murs ne soient tapissés de tableaux indiquant sans arrêt, les cours des valeurs et des changes étrangers, et où le public ne trouve toutes les facilités voulues pour l'expédition de ses affaires.

L'explication d'un pareil fait est des plus simples.

Il favorise un certain nombre de privilégiés, grandes maisons et syndicats, organisés pour avoir le monopole exclusif de connaissances qui devraient être rendues publiques, autant que possible.

Toujours autrefois, les séances de la Bourse, bien que variant de durée, se tenaient dans le milieu de la journée ; la raison en était qu'à l'origine les affaires se traitaient presqu'exclusivement entre Français et surtout entre Parisiens ; que plus tard, les communications télégraphiques n'avaient lieu qu'avec les grands marchés de l'Europe, qui ouvraient pour la plupart, aux mêmes heures. Quelle que fût leur importance, il était rare que les heures réglementaires de la Bourse ne suffissent pas à leur expédition.

Or aujourd'hui, il n'en est plus ainsi. Depuis une dizaine d'années, l'univers entier s'est ouvert aux entreprises de toutes sortes, et l'on ne compte plus les bourses fonctionnant sans arrêt.

En effet, on ne songe pas que la terre étant ronde, lorsqu'il fait jour dans une de ses parties, il fait nuit aux antipodes, et que par suite, la vie active ne se trouve jamais arrêtée.

Pour prendre un exemple, pendant que l'on dort en France, on s'agite et on travaille en Australie. Or le télégraphe mettant en rapport continuel les deux pays, pourquoi serait-il nécessaire d'attendre qu'il fût midi à Paris pour traiter d'affaires connues depuis la veille. C'est précisément avec ces pays lointains, Amérique, Océanie, Afrique du Sud, (la

Bourse de Kimberley, où en 1870 il n'y avait pas *un seul habitant*, traite par an de plusieurs milliards), Inde, Chine, que les entreprises financières ont une tendance à prendre un développement qui dépassera avant peu celle des pays d'Europe, et, en tout cas, se solidariseront chaque jour davantage avec eux.

Si on aborde la question des changements à apporter dans les lois, les règlements, les usages, pour mettre cet ensemble en rapport avec tous les progrès survenus depuis un demi-siècle et le cosmopolitisme des intérêts qui ne connaissent plus ni distances, ni frontières, ni nationalités, on se trouve en présence d'un travail, qui par son importance, sort des limites de la présente étude.

Mais on peut affirmer que les lois régissant les valeurs, ne sont nullement en rapport avec les besoins et les usages modernes qui entraînent l'emploi complet de la liberté des transactions.

Les impôts qui les frappent comme matières imposables sont acceptés, s'ils restent très légers. C'est le mode de répartition et de perception plutôt que les chiffres de leur montant qui rencontre une juste opposition.

La dernière loi concernant les opérations de bourse vient à l'appui des reproches que provoque le système adopté pour arriver au recouvrement des sommes dues, et la continuation des errements chers à l'administration française.

En Angleterre, les droits sur les négociations sont inférieurs à ceux imposés en France. Ils se perçoivent au moyen d'un timbre mobile apposé sur chaque contrat et un timbre renouvelable chaque année sur les titres en circulation (1).

En Allemagne ils sont les mêmes : 1/20e par mille sur le produit de toute opération, calculé

(1) Et encore ce droit n'est-il dû que pour les titres ayant donné lieu à un échange dans le courant de l'année.

au cours de ladite opération; mais le mode de perception est tout autre. Au lieu de la tenue d'un registre très compliqué et soumis à un contrôle coûteux de la part de l'Etat, on se sert, comme en Angleterre, d'un timbre adhésif mais établi à souches portant, sur deux parties d'un texte égal, l'indication des sommes soumises aux droits et le montant de ceux perçus.

Les contrats ou arrêtés sont arrachés d'un livre à souches qui garde au moyen d'une séparation pointillée la première moitié du timbre et facilite ainsi le contrôle et la perception de l'impôt.

Le Sénat, obéissant au besoin de tout administrer, a cru devoir écarter ce mode de recette, qui supprimait l'ingérence des employés de l'Etat.

Il était une autre combinaison à laquelle il eut été encore plus simple de s'arrêter :

L'évaluation définitive du rendement présumé de l'impôt sur les transactions de bourse montait à six millions, dont il fallait défalquer un million pour frais de perception. En attribuant un autre million à la charge de toutes les Bourses de province, il ressort une somme de quatre millions à prélever sur le marché de Paris.

Il est certain que la combinaison suivante aurait été acceptée par tous les intéressés : Un million à payer par les soixante agents du parquet moyennant l'augmentation de leur patente, et les trois autres par les trois cents maisons de coulisse, qui se les seraient répartis sur la base de leur capital et de leurs opérations mensuelles au marc le franc en deux ou trois catégories. Elle eût consacré la liberté des transactions si utile pour le crédit public et pour les nombreux échanges internationaux.

Mais c'eut été une innovation relative et, bien entendu, elle a été écartée, bien que ce fût le seul moyen de laisser subsister le marché, celui des rentes surtout, avec toutes ses couches de spéculateurs et d'intermédiaires, dont l'absence ne se fera que trop sentir les jours de grandes opérations financières et de crises inévitables, hélas, même dans les pays les plus riches et les plus tranquilles.

La conclusion à tirer de ce qui précède serait une transformation complète de l'organisation de la Bourse sous tous les rapports, législatifs, administratifs et matériels. Or, cette transformation ne présente rien de subversif, ni de révolutionnaire.

La plupart des réformes à effectuer sont appliquées dans les autres pays, où elles fonctionnent regulièrement.

Quelles sont les raisons qui font qu'en France on demeure dans les errements du passé?

Il n'en est qu'une! c'est que toute l'organisation de la Bourse remonte à près d'un siècle; quelle fait partie du *bloc* que l'Europe a pu nous envier autrefois; que le gouvernement y a la main comme en *tout*; qu'il est ignorant des modifications apportées dans ce *tout* par les progrès modernes, et qu'il ne se rend pas compte que le succès dépend du degré d'importance à accorder en *tout* à l'exercice de la Liberté !

Le changement radical nécessaire et dans le délai le plus rapproché possible amène forcément l'établissement de la liberté du marché ! Mais pareille mesure ne doit avoir aucun caractère révolutionnaire et, par suite, les droits des intéressés à l'ordre établi sont à respecter. Les agents de change venant à perdre leurs privilèges auront à recevoir une *indemnité* qui ne sera pas un rachat de leurs charges, auxquelles on pourra conserver le monopole des affaires exigeant l'intervention d'officiers ministériels. S'ils veulent continuer les affaires, ils se trouveront, grâce à leur bonne renommée et à leur vieille clientôle, dans des conditions *meilleures* que tous autres.

Seulement il est évident qu'ils devront modifier leurs habitudes.

Ils auront à se créer des clients en tous pays, ce qui entraînera, pour une partie de leur personnel, la connaissance des langues étrangères et l'étude de questions réservées aujourd'hui à certaines banques. Ils devront, en un mot, faire ce que font les maisons de coulisse bien outillées qui sont constamment sur la brèche, n'ont pas d'heures réglementaires pour l'expédition des affaires, et dont les bénéfices sont la meilleure preuve que leur manière de les traiter est la bonne.

Les progrès modernes ne sont qu'à leurs débuts et marchent à pas de géant.

En 1847, dans un vaudeville, il y avait une scène où un coulissier arrivait tout effaré annonçant la baisse des petites voitures de Java.

Et le public de rire !

Il est plus que probable que, dans le commencement du XXe siècle, on fera des affaires pendant la nuit avec les pays antipodes, et l'on spéculera à Paris sur les mines des îles Pomotou, ou sur le dernier emprunt à lots de l'empire de Corée !

Ce ne sera pas plus extraordinaire que de recevoir une dépêche de Pékin, trois heures avant son expédition, et de voir les Japonais qui (il y a encore trente-cinq ans) punissaient de mort tout étranger jeté sur leurs côtes, s'habiller à la Belle Jardinière et jouir du gouvernement parlementaire.

Et comme rien ne peut enrayer la marche en avant de ces deux moteurs, la vapeur et l'électricité, il faut admettre que toutes les lois et habitudes du passé subiront les modifications voulues, que les gouvernants et les gouvernés le veuillent ou non !

VII

La spéculation envisagée au point de vue moderne.

De tous les bouleversements apportés dans l'économie humaine par les grandes découvertes modernes, un des plus considérables est celui relatif aux habitudes du commerce et aux changements qui en résultent dans la fixation des prix de toutes les marchandises.

Les moralistes, représentants de l'opinion générale, protestent contre la spéculation qui a remplacé l'ancien commerce et en font l'objet d'attaques qui, pour être sincères et dictées par des sentiments honnêtes, n'en sont pas moins injustes et ne prévaudront pas, à mesure que le temps marchera, contre la réalité des faits.

Aujourd'hui la spéculation est maîtresse des marchés du monde entier, et il n'est pas de marchandises en gros, qui puissent s'en affranchir.

La chose est facile à comprendre. Un exemple suffira pour l'expliquer.

Il y a cinquante ans encore, un armateur expédiait aux Indes, un navire pour y prendre chargement d'un produit indigène quelconque.

Pendant un an et même plus, on n'en entendait pas parler. Un beau jour, les vigies le signalaient. La ville était en fête, et la population entière accourait pour assister à sa rentrée au port.

Son propriétaire apprenait à la fois les détails de son voyage et les conditions d'achat de la cargaison qu'il rapportait dans ses flancs.

Dès le lendemain, suivant les besoins de la place, il en commençait l'écoulement avec un bénéfice plus ou moins considérable, *mais toujours assuré*, car la concurrence n'était pas à craindre, la marchandise en vente ne pouvant venir, sauf de rares exceptions, que du seul lieu de production où on avait été la chercher.

L'armateur, toutefois, n'exagérait pas ses prix et la fortune lui arrivait lentement mais sûrement après le travail incessant de plusieurs générations.

Aujourd'hui que se passe-t-il?

Chaque produit étranger dont la France, par exemple a besoin, se trouve dans dix parties du monde, et, par suite, subit chaque jour et à chaque heure même, des variations de prix qui, étant transmis par le télégraphe aux lieux d'entrepôt, rendent impossible la fixation d'un prix stable pour celui qui en fait le commerce.

L'armateur actuel, le successeur de celui dont il vient d'être parlé, ne peut demeurer propriétaire et vendeur de sa marchandise que passagèrement, par suite de l'obligation où il est de se défendre contre les variations de cours pouvant se produire dans maintes parties du monde, jusqu'à la date de l'échéance de sa livraison.

Tout commerçant en gros, est donc forcément spéculateur, et l'on n'en est qu'au commencement de ce que produira dans l'avenir le développement des communications terrestres et maritimes.

Les détaillants seront eux-mêmes obligés de subir les variations des prix, ce qui n'existe pas aujourd'hui où l'on voit ceux des articles de consommation demeurer, pour ainsi dire, sans changement en présence de hausse ou de baisse de plus de 100 0/0 dans les prix du gros.

On aurait du reste tort, et c'est en cela que

les moralistes se trompent, de s'apitoyer sur le sort du public consommateur, les résultats des luttes de la spéculation devant toujours, sauf accidents rares, finir par lui être favorables.

Les seuls à plaindre seront les chefs des maisons commerciales, obligés de demeurer constamment sur la brèche, et de soutenir une lutte de tous les instants sur un terrain où le nombre des victimes sera forcément plus considérable que celui des favorisés.

C'est parmi eux que se feront dans l'avenir, les fortunes les plus considérables en même temps que les ruines les plus nombreuses. Ils auront le sort commun à tous les joueurs !

Mais, encore une fois, ce ne sera plus la spéculation de jadis, si justement flétrie, et qui a été cause de tant de misères.

Il y a moins de cent ans, on pouvait tenter l'accaparement d'une denrée de premier besoin, tel que le blé, par exemple.

La récolte venant à manquer, il était possible de mettre la main sur les réserves existantes, et d'en faire monter le prix.

Aujourd'hui quel est le syndicat, fût-il possesseur de milliards, capable d'acheter les blés arrivant dans les ports de France ou aux frontières de toutes les parties du monde.

On peut affirmer, sans crainte d'être traité de paradoxal, que la spéculation à la hausse sur les blés, est impossible.

La famine n'est plus à craindre, et un manque absolu de récolte n'est déplorable que pour les agriculteurs qui dans la masse des habitants consommateurs seraient seuls à en souffrir.

Les considérations qui précèdent ne s'appliquent pas exclusivement aux produits de la surface du sol. Elles sont tout aussi sérieuses à l'égard de ses richesses intérieures, qui fournissent les outils si variés nécessaires à l'industrie humaine.

Elles ne se renouvellent pas chaque année, mais elles sont en telles quantités que leur épuisement échappe à toute appréciation.

Qui peut dire, et même soupçonner les trésors que renferment les entrailles de la planète terrestre, dont une partie infime est aujourd'hui exploitée même dans les contrées connues et habitées par des populations considérées comme civilisées.

L'Espagne qui y occupe une si petite place pourrait à elle seule, si elle était exploitée à fond, alimenter les besoins en métaux de l'Europe entière.

Avec les moyens d'extraction et d'exploitation qui s'améliorent chaque jour, avec les facilités des transports et des communications qui ne sont encore qu'à leur commencement comme rapidité et comme bon marché, l'imagination est impuissante à concevoir ce que peuvent produire les travaux souterrains dans les pays tels que l'Afrique, les Amériques, et les immenses contrées de l'Asie.

C'est là encore, plus que pour les produits du sol, que la spéculation aura à jouer son rôle, et que son impuissance sera démontrée.

Pour une dizaine de mines de diamants; pour une centaine de mines d'or, d'argent, de cuivre, d'étain et pour quelques centaines de mines de charbon aujourd'hui en exploitation et suffisant aux besoins présents de l'industrie, combien en est-il de cachées sous terre et qui viendront à être découvertes.

Il en existe un certain nombre que l'on laisse improductives, par la raison que les prix d'entretien et autres frais n'en permettent pas l'exploitation vu la faiblesse des demandes de la consommation. Mais ce n'est que provisoire, et en présence de nouveaux besoins, il y aura toujours un excès même de production.

Dans les matières précieuses cet effet se fait sentir depuis longtemps, et la crise, qui sévit actuellement sur l'argent-métal était à prévoir (1).

Depuis l'ouverture de la Californie coïncidant avec la venue des découvertes modernes, les extractions de l'or et de l'argent ont donné comme augmentation des quantités tellement disproportionnées en faveur de ce dernier métal, que la fixation de leur valeur relative établie (1 once or contre 15 1/2 argent), a cessé d'être logique, et que l'on se trouve en présence d'une situation monétaire et financière dont les professeurs de science économique ne semblent pas être à même d'apprécier toutes les conséquences.

(1) Comment peut-on admettre que le diamant ne se trouve dans l'Afrique méridionale que sur les quelques hectares exploités à Kimberley? N'est-il pas certain que l'on en découvrira dans mille autres endroits, et alors que deviendra la valeur commerciale de cette pierre que sa rareté seule rend précieuse?

Ils ne sont pas d'accord, en tout cas, sur les moyens destinés à y remédier.

La crise actuelle peut avoir des conséquences très graves.

On trouvera certainement, en raison de l'importance des intérêts engagés, à l'enrayer provisoirement tout au moins.

Elle aura servi, toutefois, à démontrer que la généralisation des intérêts de tous les pays du monde, conséquence forcée et prochaine des progrès modernes, demande pour les lois d'échange dans l'avenir des bases autres que celles reposant sur des conventions soumises aux variations de cours d'objets marchands, tels que les métaux aujourd'hui précieux, et pouvant cesser de l'être demain.

En attendant la création du mode d'échange à venir et dont l'acceptation pourra être universelle, celui reposant sur le monométalisme représenté par l'or semble s'imposer.

La cause principale de la crise actuelle est

l'exagération des produits argentifères, par rapport aux produits aurifères.

Du moment que l'or sera accepté comme la seule représentation légale des valeurs du monde entier, l'augmentation de sa production, quelque grande qu'elle puisse devenir, ne sera jamais à craindre.

Reconnu sous un titre adopté par tous les pays comme monnaie d'échange, il ne pourra subir aucune variation dans sa valeur.

L'argent servira de monnaie d'appoint légalement admise pour un chiffre limité dans chaque paiement. En attendant l'adoption exclusive de l'or, on adoptera peut-être partout le système du régime métallique *boiteux*, c'est-à-dire la prédomination de l'or avec une circulation argent à laquelle les pays de l'union latine, l'Allemagne, la Hollande et les pays scandinaves sont actuellement habitués.

La parole est aux économistes qui ne devront pas oublier que le champ où se discutait, il y a encore peu de temps, la question monétaire s'est considérablement agrandi, et intéresse *aujourd'hui le monde entier ;* résultat inévitable du développement encore à sa naissance, des relations et des échanges que les découvertes modernes établiront entre les peuples de l'avenir.

VIII

L'Espionnage moderne

On parle moins, depuis quelque temps, de la question de l'Espionnage.

Il y eut un moment, où à propos de l'affaire Turpin on se serait cru reporté au siège de Paris, où l'on voyait des espions partout, et l'on arrêtait chaque nuit des habitants des étages supérieurs sous l'inculpation de communiquer avec les Prussiens, au moyen de lumières servant de signaux de nuit.

La presse y trouvait un élément de copie suffisant pour remplir ses colonnes, en l'absence de nouvelles intéressantes.

Les hommes politiques, en s'appuyant sur

des raisons toujours faciles à faire accepter par le public quand elles s'adressent à l'intérêt national, en ont profité pour proposer une série de lois plus draconiennes les unes que les autres.

Il est certain que de tous les crimes celui de trahir son pays est le plus abominable, et il n'est pas de cas où celui qui le commet ne mérite plus d'être frappé par la loi.

Un assassin que l'on punit de la peine capitale n'a causé, par le fait, que la mort de une ou de plusieurs personnes.

Celui dont la délation provoque un désastre tel, par exemple, que la perte d'une bataille mérite mille morts plutôt qu'une.

C'était, du reste, le sort qui était réservé jadis aux misérables acceptant, pour un motif quelconque mais jamais excusable, le rôle d'espion.

Il n'y aurait aucune raison pour ne pas revenir à cette législature sommaire, si le crime à punir venait à s'accomplir dans les mêmes conditions qu'autrefois.

Heureusement à l'époque actuelle qui a vu se produire tant de changements, l'espionnage n'a plus pour s'exercer les raisons qui en faisaient un métier peu honnête mais lucratif.

Les découvertes modernes, la presse vulgarisée, la télégraphie, la photographie, la rapidité des communications, et la concurrence commerciale et industrielle l'ont tué.

L'espionnage porte sur deux sortes d'informations. Les unes ayant trait aux secrets politiques ; les autres relatives aux faits matériels.

Quand aux temps passés, et sans remonter à plus d'un siècle, la politique était le monopole d'un petit nombre de privilégiés : que les questions de paix et de guerre, les traités d'alliance et de commerce dépendaient de la volonté de tels ou tels ministres, il est certain que la connaissance des projets élaborés en haut lieu était de grande importance, et les personnages qui parvenaient à l'obtenir faisaient un métier fort utile pour ceux qui les employaient.

Les ambassadeurs n'avaient, en réalité, pas d'autre mission que celle d'arriver à pénétrer les secrets politiques des cours près desquelles ils étaient accrédités.

Afin de les aider dans leur tâche, il leur était presque toujours adjoint des personnages de moindre importance, qui étaient les véritables fournisseurs de renseignements.

Les rois de France avaient, en outre, des envoyés secrets, plus que souvent inconnus de leurs ambassadeurs, qui correspondaient directement avec eux.

Ils avaient pris cet usage dans l'arsenal diplomatique des autres pays, de l'Espagne, de l'Angleterre, et surtout de Venise, dont la diplomatie avait fait école.

L'espionnage, c'est le seul nom que l'on puisse donner à ce genre de métier, était l'unique moyen possible à employer pour arriver à connaître les idées et les intentions des gouvernements amis et ennemis.

L'histoire des deux derniers siècles démontre que tous les grands événements survenus en Europe, ont été l'œuvre personnelle de telles ou telles individualités, chefs d'empires ou ministres, dont la politique basée sur l'intérêt ou la passion, d'accord souvent avec l'opinion de leurs pays, était entièrement indépendante de tout contrôle populaire.

On comprend l'importance pouvant résulter des relations intimes avec ces puissants de la terre.

On se rend compte de la valeur de la communication d'un projet confié soit à un ami, soit à une maîtresse d'un chef d'état, de la copie d'un document secret, de la connaissance des plans militaires, de la composition des armées de terre et de mer, etc.

C'était parfois à la *personna grata* de l'ambassadeur que son pays devait la connaissance de faits importants : mais le plus souvent le mérite en revenait à la diplomatie occulte.

Les secrets concernant les choses matérielles étaient aussi bons à connaître.

Toutefois, le nombre en était fort restreint.

En ce qui concernait l'armement, il n'en existait pas, les armes étant les mêmes partout.

Sur mer, l'on s'est battu pendant deux cents ans avec un armement adopté par toutes les marines.

Avant la déclaration de la guerre, certains renseignements devenaient très utiles.

C'étaient ceux concernant la composition des corps d'armées, les lieux de leur concentration, leur importance numérique, et enfin le plan présumé du général en chef.

La guerre déclarée, les ambassadeurs rentraient chez eux, et leur mission occulte devenait l'œuvre d'un personnel appartenant à une toute autre condition sociale, et dont le métier gagnait en danger, ce qu'il perdait en prestige.

Sa composition était de deux sortes : l'une comprenait les personnalités, recrutées dans les diverses classes de la société, qui continuaient à rendre à l'étranger pendant la guerre, les services rendus pendant la paix et lui fournissaient les renseignements concernant les opérations des armées. — Leur rôle était inexcusable, et la mort, dont ils étaient punis, était incontestablement méritée.

L'autre catégorie, de beaucoup plus nombreuse, se trouvait composée de pauvres diables voués à une mort certaine quand ils se laissaient prendre, quelle que fut leur nationalité.

Ce sont ces agents subalternes, que le peuple a seuls connus et dont il garde la mémoire, accordant aux uns la palme du martyre patriotique, aux autres l'infamie due à la trahison envers la Patrie, le plus abominable de tous les crimes.

Ce sentiment fort naturel, du reste, chez les masses puisqu'il répond à la préoccupation que l'on a de sa conservation personnelle, et à la répulsion qu'inspire tout acte inique accompli en vue d'une récompense pécuniaire, existe encore aujourd'hui.

C'est à lui qu'il faut attribuer ces soulèvements de l'opinion populaire, toutes les fois qu'il se produit un fait de nature à être mis au compte de l'espionnage.

Dans ces dernières années, les découvertes et les inventions, pour ainsi dire incessantes dans les sciences et les arts appliqués aux choses de la guerre, ont motivé chez le public des soupçons et des craintes que rien ne justifie.

En ce qui touche aux questions politiques, soit intérieures, soit internationales, on admettra bien que les motifs qui, autrefois, constituaient la principale raison d'être des ambassadeurs et envoyés secrets, n'existent plus.

Avec le régime constitutionnel qui règne partout, sauf en Russie et en Turquie, les décisions prises par les chefs d'états ou par leurs ministres du moment, ne pourraient pas rester ignorés, comme œuvre d'ensemble.

Quant aux articles, dits secrets, que comporte presque toujours tout traité, leur importance ne serait jamais bien grande et ils ne tarderaient pas longtemps à être connus comme le reste.

L'histoire de la triple alliance en est une preuve aussi concluante que possible.

Le renouvellement du traité destiné à *unir en vue de la paix*, l'Allemagne, l'Autriche et l'Italie était connu bien avant qu'il ne fût conclu définitivement et s'il contient certaines clauses ignorées du public, le secret qui les entoure cessera du jour où les parlements des parties contractantes seront appelés à ratifier les engagements pris en leur nom.

Comment peut-on croire qu'aujourd'hui, ce qui était autrefois l'œuvre de quelques personnes (à la rigueur même de deux seulement), et par suite pouvait demeurer ignoré, puisse ne pas être connu, pour ainsi dire instantanément et de tous, avec les milliers d'intelligences intéressées à découvrir toutes choses cachées, faisant métier de leur connaissance et s'empressant de les apprendre au monde entier par les voies innombrables de la publicité.

Et en admettant même que, par suite de précautions inadmissibles on parvienne à garder secret tel projet en vue de tel évènement, les préparatifs exigés par sa mise à exécution donneraient dès le premier jour l'éveil à son sujet et mettraient en garde l'ennemi que l'on a en vue d'attaquer.

Dans la première moitié du présent siècle, il existait pour venir en aide à la diplomatie, des salons politiques.

Les personnes qui les tenaient, étaient généralement des femmes d'esprit appartenant à la haute société, et ayant pour mission de connaître par les conversations de leurs habitués et par les relations qui se formaient chez elles certains faits considérés comme pouvant être utiles à la politique du pays qui les employaient.

Le développement pris par les journaux et la facilité des correspondances, les a fait disparaître. — Le dernier salon politique à Paris s'est fermé en 1852.

Si, aujourd'hui, un reporter pouvait connaître et écrire tout ce qui se dit dans les salons de Paris, il en serait pour ses frais de copie, et ne trouverait aucun gouvernement disposé à les payer.

Donc en ce qui a trait à la politique diplomatique, rien à faire pour l'espionnage.

Son utilité ou même sa possibilité au sujet des choses matérielles est toute aussi nulle, comme il est facile de le démontrer.

Quand on aura prouvé que l'espionnage en ce qui concerne la défense militaire est impossible, comme c'est le sujet qui préoccupe le plus, et avec raison, l'opinion publique, il sera superflu d'insister sur son inutilité.

On lit, presque chaque jour, dans les journaux les articles suivants :

« On vient d'arrêter dans telle ville un individu dont l'attitude attirait depuis quelque temps l'attention des autorités.

« Sous le déguisement d'un simple touriste

il parcourait les environs, et prenait des dessins et des vues photographiques des forts de..... (1)

« Il a déclaré se nommer....., et appartenir à la nationalité..... On a trouvé dans ses papiers, nombre de notes et de dessins concernant la localité. »

« On a constaté dernièrement à..... la disparition d'une caisse de cartouches du fusil..... On est sur les traces des auteurs de ce vol, qui ne peuvent avoir eu d'autre but que d'en faire profiter une puissance étrangère. »

« Un tel....., sous-officier dans..... régiment....., en garnison à....., va passer prochainement devant le conseil de guerre. Il est accusé d'avoir soustrait des pièces du fusil..... et des cartouches, et de les avoir

(1) C'est ce qui s'est passé encore dernièrement à Kiel où les autorités allemandes ont arrêté sur un navire de plaisance anglais deux français accusés d'espionnage, et ayant été trouvés *possesseurs de photographies des fortifications de Héligoland.* C'est simplement grotesque !

livrées à un intermédiaire demeuré jusqu'ici inconnu. Les dépenses en dehors de ses moyens, qu'il faisait dans ces derniers temps, en attirant l'attention de ses chefs, ont été cause de son arrestation. »

« On vient d'arrêter à..... un ouvrier du nom de..... qu'on a trouvé porteur de deux balles du fusil..... N'ayant pu expliquer leur provenance il a été envoyé au Dépôt. » *(Sic)*.

Etc....., etc.....

Naturellement, le public à la lecture de ces faits se renouvelant perpétuellement, croit à la culpabilité de leurs auteurs, et demande qu'ils soient frappés avec toute la rigueur des lois.

Eh bien ! le public a tort et, comme presque toujours, la faute vient de son ignorance des changements existant aujourd'hui entre le passé et le présent.

La vérité qu'il devrait connaître, la voici :

Il n'y a pas, à l'heure actuelle, un fort, un canon, une arme portative, un obus, une cartouche, une poudre, un explosif qui ne soient connus, *partout*, de tous ceux ayant un intérêt à les connaître (1).

Tout ce que les Allemands possèdent en engins de guerre est connu à Paris. Les plans de leurs forteresses, leur armement sont dans les cartons du Dépôt de la guerre. Et il en est ainsi pour tous les pays, offrant un rôle intéressant au point de vue guerrier.

Par contre, la défense militaire de la France n'a rien de caché pour eux. Ils possèdent les

(1) Sous le titre de *Vocabulaire des poudres et explosifs*, le ministère de la marine italienne a publié, en 1890, dans la *Rivista marittima* une liste complète de ce genre de produits, avec les formules de leur composition. Celui de la marine française a fait traduire cet ouvrage par M. le lieutenant de vaisseau E. Brion et insérer dans la *Revue maritime*, recueil également officiel. Des ouvrages semblables existent dans toutes les langues. D'autres décrivent dans les plus grands détails et avec dessins à l'appui, les armes en service dans le monde entier : fusils, canons, mitrailleuses, etc. On les trouve chez tous les libraires techniques.

plans de toutes les forteresses. Et, en admettant même qu'ils ne connaissent pas exactement leur armement actuel, ils en savent assez pour apprécier ce qu'il serait en cas de guerre, comme personnel et comme matériel.

Comment, du reste, pourrait-il en être autrement ?

Deux exemples suffisent pour le démontrer : Un fort est construit pour la défense d'une ville ou d'un point stratégique... Son emplacement ne peut demeurer secret. Quant à son armement, il se compose de pièces d'artillerie des modèles réglementaires. Leur nombre peut seul varier. De même que celui de l'effectif de la garnison.

On enfermerait un espion dans ledit fort pendant tout le temps qu'il demanderait, avec autorisation de prendre les dessins et les notes pouvant lui être utiles, quel intérêt son rapport offrirait-il à l'ennemi appelé à passer sous son feu ?

Quand on arrête, et c'est ce qui arrive journellement, des individus prenant des vues photographiques ou des dessins de forts entourant une ville, on ne contribue pas sérieusement à la sécurité de la défense du pays.

Un inventeur (s'il en existe toutefois de réel par le temps présent) trouve, supposons-le, un fusil, ou un obus, plus perfectionnés que ceux actuellement en usage. Entre le moment où cette découverte sort de son cerveau et celui où sa supériorité est reconnue, il se passe des mois et des années pendant lesquels l'outillage nécessaire pour son exécution est forcément connu par pièces et morceaux, des gens du métier que cela intéresse.

Quand arrive la période d'expériences qui ne peuvent pas demeurer secrètes, le fusil, l'obus, ou tout autre engin de guerre, passe dans le domaine public.

Le fusil Lebel était connu, en Europe et aux Etats-Unis, pour ainsi dire, en même temps qu'en France. — De même pour sa cartouche.

Quand on poursuit pour crime d'espionnage des individus, français ou étrangers, payés par les gouvernements pour arriver à la possession des armes et des cartouches Lebel, on se moque du monde, et surtout des gouvernements en question, que l'on croit assez bêtes pour dépenser aussi inutilement leur argent.

Quant à l'invention concernant les matières explosibles, c'est encore plus fort.

En passant en revue toutes celles découvertes dans ces dernières années, on se convainct : premièrement, qu'il n'y a pas matière à brevet pour aucune d'elles ; deuxièmement, que chaque jour y amène des changements et des modifications qui rendent impossible leur adoption définitive. Les progrès obtenus dans l'industrie des explosifs sont dûs au développement de la science de la chimie qui est universelle...

Les laboratoires où on l'étudie se comptent

par milliers, et il est presque certain qu'il peut arriver que sous des latitudes différentes, des savants arrivent, à la même heure, à la même découverte. L'invention de l'un annule celle de l'autre et la nature seule peut en revendiquer le brevet.

On se demande le profit que peut tirer l'espionnage de sa connaissance? En outre, et en admettant même que l'on puisse, par un moyen quelconque au moment même de son invention, obtenir la possession d'un engin *incontestablement supérieur à ceux adoptés aujourd'hui*, à quoi cela aboutira-t-il?

A rien! car son adoption immédiate serait déplorable au point de vue de l'effet moral qu'en ressentirait le soldat, et sa construction demanderait, en outre de dépenses considérables, une durée de temps pendant lequel on se trouverait dans un état de désorganisation désastreuse. On vient, paraît-il, d'expérimenter en Autriche, un explosif du joli nom d'Ecrasite, qui est deux fois plus puissant que tous ses prédécesseurs. Supposons que la France en obtienne le secret et la possession exclusive et absolue. Croit-on qu'elle songerait, *un seul instant*, à l'appliquer à son armement et à opérer la transformation des approvionnements de projectiles existants dans ses arsenaux et dont la confection est appropriée aux différents modèles de pièces adoptées par l'artillerie.

Il faut admettre que chaque puissance possède aujourd'hui pour son armement des armes et des munitions dont elle n'a adopté les modèles qu'à la suite d'expériences qu'elle a cru être décisives touchant leur supériorité sur les autres ; que ses soldats les connaissent et savent s'en servir ; et qu'il serait impossible d'y apporter d'autres changements que ceux d'une amélioration incontestable et dont l'adaptation aux systèmes établis ne pourrait, en aucun cas, amener une transformation complète.

Au point de perfectionnement où l'on est arrivé dans l'industrie des engins de destruction, on peut s'en tenir à ce qui existe pour le moment et attendre, tout au moins, que l'expérience (puisse l'échéance en arriver le plus tard possible) démontre la supériorité de tel ou tel modèle.

Ce n'est pas parce qu'une armée possèdera un fusil portant à une centaine de mètres de plus qu'un autre, que ses obus éclateront en plus de morceaux à huit kilomètres au lieu de sept kilomètres et demi, que sa poudre aura plus ou moins de fumée, qu'elle sera assurée du succès.

C'est aux vertus guerrières de ceux qui auront à s'en servir, à l'habileté de leurs chefs, s'il s'en trouve toutefois de capables de conduire des armées, dont les cadres comportent des centaines de milliers d'hommes, et surtout à l'intervention du dieu Hasard, que la victoire appartiendra.

Il faudrait en finir avec ces faits-divers journaliers, relatifs aux individus et aux choses dont il a été fait mention plus haut.

Les prétendus espions répandus sur le territoire français, et fournissant à l'étranger des détails sur les sociétés tant politiques que commerciales, et principalement sur les intentions et les projets des chefs de l'état seraient bien embarrassés si on leur demandait, non pas ce qu'ils désireraient mais ce qu'ils devraient faire pour amener la réalisation de leurs désirs.

Pour ne parler que de la vente irrégulière de la poudre sans fumée, il y a beau temps qu'elle s'effectue dans tous les pays du monde. — On assure que les pirates que nous combattons au Tonkin s'en servent contre nous.

Il est probable qu'elle ne vaut pas la nôtre : du moins il faut l'espérer. Telle qu'elle est, elle n'en est pas moins supérieure à celle avec fumée.

Si l'on accepte comme vrai ce qui vient d'être dit, il faut reconnaître que le métier d'espion a bien perdu de son importance, et que le peu qui lui en reste, ne légitime pas plus les honneurs que lui fait la publicité, que les mesures répressives que l'on réclame pour sa punition.

En fait de mesures, il n'en peut exister qu'une seule et c'est de toutes la plus sévère.

La loi de l'espionnage ne doit contenir qu'un seul article, ainsi conçu :

Tout individu reconnu coupable de trahison contre le pays est puni de mort.

En effet, si le crime de trahison par espionnage est, pour ainsi dire, devenu presque impossible, la pensée de s'en rendre coupable peut exister, et une circonstance imprévue en amener la réalisation.

Telle serait, par exemple, la divulgation d'un traité ou d'un plan militaire, précédant, « ne serait-ce que de quelques heures seulement », son exécution.

Dans ces cas, la preuve en étant faite, la punition devrait être immédiate et ne pourrait être que la mort, sur jugement d'un Conseil de guerre.

En dehors de ces exceptions, le crime n'existe pas dans les actes qualifiés d'espionnage.

Il peut s'en produire en affaires de commerce, en informations, en productions industrielles et commerciales, mais aucun n'est de nature à assumer la responsabilité d'un préjudice causé au pays où ils se sont accomplis.

Ce n'est pas à dire que le *désir* de les commettre par amour du lucre, ait cessé d'exister chez certains individus. Mais comme il n'y a pas de lois pour ce genre de délits, il faut laisser au temps seul le soin d'amener leur disparition, conjointement avec la fin de la croyance populaire qui s'attarde aux espions.

Leur métier a été tué, comme tant d'autres, par le développement des progrès modernes. Il est de ceux dont la mort ne soulèvera jamais aucun regret.

IX

L'instruction modifiée en vue des besoins modernes.

Les questions qui viennent d'être traitées ne visent qu'une faible partie des réformes nécessitées par les deux seules grandes découvertes modernes, la vapeur et l'électricité.

Il n'a pas été parlé de l'influence cependant considérable, que les inventions et les progrès en tous genres qui en ont été les conséquences, ont eue dans les choses matérielles de la vie.

Il faudrait des volumes, pour raconter les changements opérés dans ces temps derniers dans l'organisation sociale.

Dans les relations internationales, dans les arts de toutes sortes, dans l'agriculture, dans l'industrie, dans le commerce, dans l'alimentation, dans la vie domestique tout a changé. Et l'on continue à vivre sous les lois, et à peu de choses près avec les mêmes idées qu'autrefois.

Il est une loi, toutefois, qui non seulement a été modifiée, mais peut être considérée encore, comme de création moderne.

C'est celle relative à l'instruction, rendue laïque et obligatoire.

Il est incontestable qu'elle répond à une idée de réel progrès. Mais si l'intention chez ses auteurs a été bonne, il faut reconnaître que les résultats produits jusqu'à ce jour ne répondent pas aux besoins qu'elle avait pour but de satisfaire.

La raison n'en est pas dans le texte de la dite loi, dont le côté politique ne peut pas naturellement obtenir l'approbation universelle, mais bien dans la nature des connaissances que comporte le programme des études. Là encore se retrouve la persistance à ne pas tenir compte des besoins actuels.

Il faut croire que ceux qui l'ont établie ont presque toujours obéi aux idées d'autrefois et, sauf exception, poussé à la généralisation des connaissances libérales et littéraires, plutôt que celles simplement utiles.

Certes, les professeurs, les avocats, les médecins, les philosophes, ont leur mérite et leur utilité, mais le nombre ne peut cependant pas en être illimité. A l'extrême rigueur, on pourrait s'en passer plus que d'agriculteurs, de commerçants et d'industriels.

C'est donc aux besoins de ces derniers dont se compose la masse de citoyens que l'instruction devrait être appropriée.

On objectera que parmi les établissements ouverts pour l'instruction, il en est un grand nombre où les connaissances nécessitées par les diverses branches traitant d'agriculture, de commerce et d'industrie tiennent le pas sur celles destinées à l'enseignement libéral.

C'est la vérité !

Mais le nombre des élèves qui en suivent les cours, ne comprend jamais dans la masse universitaire, qu'une minorité dont il est rare que la vocation ne soit pas dictée, au sortir de l'enfance, par la seule volonté des parents au lieu de l'être plus tard, par leur propre entraînement et à la suite de connaissances acquises.

Le grand malheur des Français consiste dans l'ignorance où ils vivent tous, sans distinction de classes, de ce qui se passe en dehors de leurs frontières. Ils persistent à se considérer comme supérieurs aux autres peuples, aussi bien en ce qui a trait aux choses intellectuelles, qu'à celles purement matérielles. Ils seraient presque pardonnables si encore, forts des avantages qu'ils ont conservés du rang tenu par eux à la tête de la civilisation, ils consentaient à utiliser leurs réelles qualités pour ne pas déchoir.

Mais pour cela il leur faudrait connaître à la fois leur propre passé (1), dont ils ignorent nombre de grandeurs, et se tenir au courant de ce qui s'est accompli depuis deux générations, sous leurs yeux et autour d'eux, ainsi que du travail qui s'opère journellement sur toute la terre, tendant à égaliser au profit des autres peuples les chances de réussite et de fortune qui étaient autrefois monopolisées par les quatre ou cinq puissances européennes dont ils faisaient partie.

Ces connaissances ne peuvent se généra-

(1) Sait-on (pour ne citer qu'un seul exemple) que dans les luttes qui depuis le XIVe siècle ont amené la France et l'Angleterre sur les champs de bataille, c'est sur terre que la première a éprouvé le plus d'échecs, tandis que, sur mer, le chiffre des désastres qu'elle a fait subir à sa rivale a dépassé de beaucoup celui de ses revers. De la guerre maritime, les Français ne connaissent que les batailles d'Aboukir et de Trafalgar, — que Nelson n'aurait pas gagnées s'il avait eu affaire aux flottes commandées par les Duquesne ou les Tourville.

liser qu'en modifiant le programme des cours en usage. Leur enseignement doit commencer sur les bancs de l'école primaire, et se continuer dans les classes des lycées et des collèges, jusqu'au jour où les élèves seront à même de s'adonner exclusivement aux études purement spéciales.

Ceci admis, voici sans entrer, bien entendu, dans les détails d'exécution, le résumé des connaisances modernes, utiles à apprendre à tous les Français.

1. — *Les Langues vivantes.*

On leur dirait que, contrairement à la croyance populaire que *le français est connu de tout le monde*, il n'est su à l'étranger que par les classes éclairées, mais n'est d'aucune utilité pour les besoins du commerce, contrairement aux langues anglaise et espagnole avec lesquelles ont est compris *partout*.

2. — *La Géographie générale.*

Non pas celle qui vous apprend les subdivisions de la France, le cours de ses fleuves et ses montagnes, mais bien la géographie du monde entier, les pays qui le composent, les peuples qui les habitent, le climat dont ils jouissent, la nature de leur sol, leurs produits de toutes sortes, leur genre d'alimentation et les intérêts commerciaux que l'avenir peut établir entre la France et eux.

3. — *L'Histoire moderne, surtout celle du présent siècle.*

Elle doit, comme pour la géographie, ne pas se borner à l'histoire de la France : mais enseigner celle, abrégée bien entendu, de tous les pays du monde. Autant que possible, mettre de côté toute appréciation politique. Rappeler les faits de guerre : mais, contrairement aux vieux usages, ne pas donner aux personnalités militaires une importance exagérée. Apprendre de préférence l'histoire des découvertes, des progrès accomplis dans les sciences, dans les arts, dans l'industrie, en remontant même au-delà du siècle actuel.

Faire connaître non seulement les noms mais la vie des hommes de science et de charité, qui ont contribué au bonheur et à l'amélioration du sort des humains.

La chronologie des grands philantrophes n'est-elle pas plus instructive que celle des rois de Juda?

La biographie d'un Vincent de Paule ou d'un Papin, n'est-elle pas plus intéressante que celle d'un Tamerlan ou d'un Wallenstein?

4. — *La Science de la culture du sol.*

Elle comprend la connaissance de tous les produits de la nature en France principalement et dans les divers pays, conformément à la composition des terrains : leurs modes de culture, les engrais qu'ils exigent et les progrès obtenus par l'emploi des machines agricoles : l'histoire des variations de prix des matières alimentaires par suite de la concurrence, résultant elle-même de la facilité des communications, et enfin l'examen des moyens à employer pour atténuer la révolution économique que doit amener la lutte entre les pays fournisseurs de produits similaires.

Elle aura, par exemple, à apprendre aux producteurs de vins, qui se figurent que la France en aura toujours le monopole comme vente à l'étranger, qu'un jour même très prochain viendra où, à l'exception de certains crûs supérieurs appréciés par les gourmets et qui ne représentent qu'un chiffre d'affaires de peu d'importance, tous les vins ordinaires, dits d'exportation, trouveront leur production dans nombre de pays, et verront leur consommation réduite aux seuls besoins indigènes.

Ce qui se dit pour les vins peut s'appliquer à bien d'autres produits.

Le remède à trouver n'est pas dans la protection de l'État, mais dans l'étude et le choix des moyens à employer pour conserver à certains d'entr'eux, des qualités et même une supériorité leur permettant de triompher de toute concurrence.

Les observations qui précèdent ont trait également aux richesses souterraines du sol. Les craintes qu'elles peuvent éprouver quant à la diminution de leurs rapports, proviennent des mêmes causes. Elles méritent les mêmes études.

Ainsi qu'il a été dit plus haut, il faut prévoir ce qui adviendra le jour où le charbon se trouvant partout, les mines d'Angleterre, de Belgique, et de France n'auront qu'à alimenter les besoins locaux.

5. — *La Science industrielle et la question des salaires.*

De toutes les connaissances inscrites au nouveau programme de l'instruction, celle de l'histoire industrielle, depuis un siècle, est certes la plus intéressante et la plus utile à posséder.

Son enseignement exige plus de temps que celui de tout autre.

Les professeurs devront prendre chaque industrie, parmi les importantes bien entendu : en suivre les développements successifs et analyser l'importance des changements obtenus, tant au point de vue de l'intérêt des patrons et des ouvriers, qu'à celui de la masse des consommateurs.

Ils auront à faire connaître les variations des salaires qu'ils ont provoquées, à apprécier ce que la continuation des progrès (1), se combinant avec le développement forcé des relations internationales devra produire dans un avenir même proche, touchant l'enrichissement des uns et l'appauvrissement des autres.

Ils devront faire comprendre à leurs auditeurs, que c'est une loi naturelle, que ne changeront pas toutes celles que l'on pourra établir par voie législative.

Ils auront à éviter toute appréciation politique et sociale, et se borner à ne produire dans leurs cours que des faits matériels, et des chiffres incontestables, fournis par les statistiques commerciales.

6. — *Le Commerce et les Colonies.*

Cette dernière partie du nouveau cours

(1) Parmi ces progrès, la vulgarisation des machines, est le plus important, en raison de l'influence qu'elle a exercée sur la main-d'œuvre.

offre un intérêt particulier en ce sens qu'elle traite de questions dont la solution dépond du Gouvernement, les consuls, ainsi que tout le personnel administratif des colonies, étant ses agents.

De là la difficulté pour les professeurs chargés de son enseignement d'émettre des idées pouvant se trouver en opposition avec les intentions gouvernementales, et l'obligation pour eux de se borner à développer, dans leurs leçons, les raisons devant encourager les capitaux et les individus à demander au commerce, et à l'exploitation des colonies les moyens de vivre et même de faire fortune. Ces moyens déjà fort restreints deviendront de plus en plus rares en France, par suite du développement do l'instruction supérieure et de la propension qu'ont les habitants des campagnes, à envahir les villes, dont la vie de plaisir les attire, et qui y trouvent la misère en place de la fortune rêvée.

Un des arguments les plus sérieux à invoquer en faveur de leur thèse sera la simple lecture de l'histoire coloniale de la France. Bien peu de gens la connaissent.

Elle apprendra à leurs élèves que les premiers explorateurs sur mer ont été des marins français ; que les Dieppois avaient connu le continent américain nord, bien avant la découverte de Christophe Colomb, et qu'ils possédaient au XVIe siècle des comptoirs importants jusque sur les côtes de la Guinée. L'énormité de la fortune d'Ango, qui était un des marchands de son temps, est une preuve de l'importance qu'avait alors le commerce maritime et les profits qu'on en retirait.

Sous Louis XIV et jusqu'à la Révolution, la France a été la puissance coloniale *la plus forte*, non seulement comme étendue de territoires, mais comme importance en commerce maritime. Elle a commencé à déchoir du jour où les événements politiques en Europe l'ont amenée à engager toutes ses forces dans les luttes continentales, et forcé les gouvernements qui se sont succédé, du milieu du XVIIIe siècle jusqu'à l'Empire, à accepter successivement la perte des colonies et, par suite, la disparition du commerce.

Aujourd'hui, où la nécessité de ces deux éléments de richesse est reconnue, rien ne s'oppose à ce que la France revoie son état de prospérité coloniale d'autrefois (1).

(1) Voici un exemple de ce qu'était la force de la puissance maritime sous Louis XIV :

En 1711, l'amiral Duguay-Trouin, fort de l'autorisation royale, et avec le concours de sept riches armateurs, réunit une escadre de sept vaisseaux et de huit frégates, ayant à bord un corps de débarquement de trois mille hommes.

Il força l'entrée de la rade de Rio-Janeiro, s'empara de la ville, la mit au pillage, et ne l'évacua qu'après le paiement d'une somme de six-cent mille cruzades par le gouvernement Portugais.

En dépit des frais énormes d'une pareille expédition, les armateurs reçurent comme bénéfice 92 0/0 des sommes avancées.

La première moitié du XVIIIe siècle fut l'époque de la plus grande splendeur coloniale de la France. Elle était encore considérable au moment de la guerre de l'indépendance des États-Unis. Les fortunes de certains grands armateurs de

Les Français de nos jours, possèdent les mêmes qualités, qui ont placé leurs aïeux au premier rang, comme voyageurs et comme marins.

C'est bien plus à ces qualités qu'à la force des armes, que les Bussy et les Raimond, ont pu en quelques années donner à la France une population de trente millions d'Indous, que les Anglais ont mis cinquante ans à conquérir.

C'est à elles seules que sont dûs les souvenirs qu'elle a laissés, en maints endroits du globe, dans le cœur de ses anciens sujets.

Quand la valeur des colonies sera connue, et que le gouvernement adoptant les moyens

Nantes, de Bordeaux, de Bayonne, de Marseille, se comptaient par nombre de millions.

Les malheurs survenus sur mer pendant la Révolution et l'Empire, en déterminèrent la ruine pour ainsi dire complète... Pendant deux siècles, toutefois, la France avait été la première des puissances maritimes.

pacifiques pour les utiliser et modifiant son système d'administration pour laisser toute latitude à l'esprit d'initiative et d'entreprises, facilitéra l'immigration et l'encouragera avec les moyens puissants dont il dispose, il n'y aura aucune raison pour que la France ne retrouve aux pays d'outre-mer, le rang qu'elle y a occupé jadis.

CONCLUSION

Les idées qui viennent d'être émises sont-elles justes? Répondent-elles à des besoins nouveaux?

Si elles ont cette bonne fortune, il est à désirer que leur application soit faite le plus tôt possible.

C'est aux pouvoirs constituants seuls qu'incombe pareille tâche.

Les cahiers de tous les nouveaux députés, sans exception, contiennent l'engagement de travailler aux réformes nécessaires, et d'apporter aux lois et à l'administration du pays des changements devenus indispensables.

La Chambre actuelle a devant elle quatre ans d'exercice.

Elle a donc le temps nécessaire pour mettre à exécution une partie, tout au moins, des promesses faites par ses membres.

Le travail que l'on vient de lire expose une série de réformes dont les représentants de toutes les opinions, même les plus avancées, peuvent accepter l'étude, car elles ne visent que des faits, ne font jamais intervenir la politique, et ne traitent que des besoins présents, laissant à l'avenir la tâche d'amener les modifications incessantes que la marche des progrès matériels doit provoquer, il faut l'espérer, pour le bien de l'humanité sans distinction de classes.

Si parmi ces réformes, il en est une seule qui soit mise à exécution, l'écrivain, se trouvera plus que récompensé d'avoir eu le mérite de la provoquer.

TABLE

Imprimerie de Poissy. — S. Lejay et Cie.

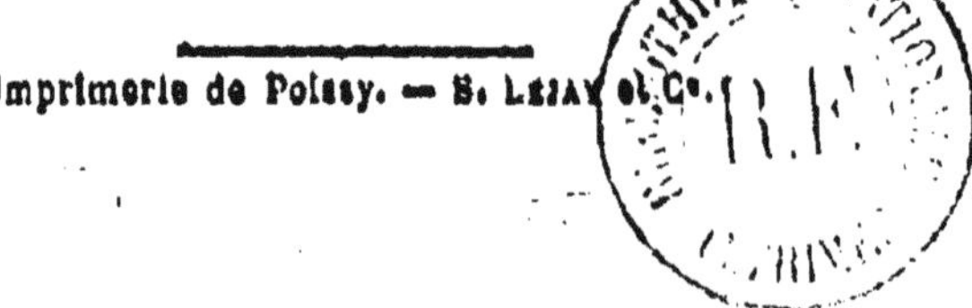

Imprimerie de Poissy. — S. LEJAY et Cie.

www.ingramcontent.com/pod-product-compliance
Ingram Content Group UK Ltd.
Pitfield, Milton Keynes, MK11 3LW, UK
UKHW020144220726
13923UKWH00001B/363

9 782019 194895